実用フランス語技能検定試験

仏検対策
聴く力
演習

阿南婦美代 著

MP3
CD-ROM 付

5級・4級

駿河台出版社

まえがき

　仏検対策「聴く力」演習シリーズは 5 級から始まりますが，今まで 4 級レベルが欠けていました．それで，今回，5 級を改訂する代わりに，5 級・4 級レベルの合本を作成することになりました．

　仏検 5 級レベルでは，1) 簡単な応答文を聞いて理解できること，2) フランス語の数字 1 〜 20 までの聞き取りができること，3) 日常的に使う簡単な表現を聞き取ることができこと，4) 男性・女性の聞き取りや単数・複数の聞き取りができることですが，これらはフランス語入門段階で習得しておくべき基本的な事柄です．
　4 級レベルでは，さらに語彙や日常生活でよく使われる表現を覚え，数字も 100 まで覚え，簡単な疑問文を聞き取れるようになり，会話の内容を理解できるようになることです．

　フランス語でコミュニケーションをするには，まず，相手の言っていることを聞き取る力をつけることが大切です．そして，フランス語を学び始めた入門の段階から，聞き取り力をつける勉強の仕方をすることが大切だと思います．とりわけ，フランス語は音から入って学ぶ方がよい言葉といわれています．フランス語は母音がはっきり発音されますから，聞き取りは，練習次第では，そんなに難しいことではありません．

　5 級の聞き取り練習問題を準備していたころ，昔の話になりますが，2 歳と 4 歳の子供を連れてパリ大学に留学をした時のことを思い出していました．子供がどのように言葉を覚えていくかを毎日観察する機会がありました．
　パリ大学の授業で，言語方法論や言語心理学を学びましたが，子供

を観察していると，授業で学んだことがそのまま再現されていることも多く，感動さえしました．その経験が私のフランス教育にも生かされているので，その一部をここにも書いておきたい思います．

　パリに着いて1週間後には子供達はフランスの幼稚園に通い始めましたが，その1日目の夕食の時に，4歳の娘が，「ケスクテュア ってどういう意味？」と聞くので，「どうしたの？っていう意味よ．」と答えました．ある日突然フランス人達の中に一人で放り出された状態で，娘はきっと不安で泣きそうな顔をしていたのでしょう．次の日の質問は「ケスキリヤってどういう意味？」でした．やはり「どうしたの？」という意味です．3日目の質問文は（ケスキスパス）だったのか，正確には忘れましたが，いきなり，娘が「[ケスク]のところで切れるのね．」と言ったのは忘れられません．たった3つの文章から彼女は規則を見つけたのです．

　その日から毎日，娘は耳から聞いて理解したフランス語のしくみの解説を私にしてくれるようになりました．例えば，先生が教室に入って来て［アセイエヴー！］と言うと，皆が席に着くこと，一人だけ立っていると，それが［アスィトア］に変わること．複数相手に対する時と，一人が相手の時とで言い方が変わるという大発見を彼女がしたのは5日目だったでしょうか．また，彼女は［コキーヌ］（いたずらっ子）と言われるのに，弟は［コキャン］と言われ，女性と男性で言い方が違うことも，とても新鮮な驚きのようでした．それからしばらく，子供達2人の遊びは形容詞の男性形と女性形を言い合うことでした．そのうちに，「［ティアン！］というのは［これあげる］っていう意味なのよ．」と，子供の世界での日本語への適訳をして，私を驚かせてくれるようにもなりました．

子供達は文字無しでも，どんどん言葉を覚えていきます．しかし，注意して見ていると，まず聞いたことを声に出して確認する，何度でも繰り返し定着させるということを楽しみながらやっています．また間違いながらも話していくうち，言葉の中にある規則を理解していきます．

　大人になると，子供のように音だけでの学習は難しくなりますが，やはり必要なのは，注意して聞くことと，声に出して繰り返すということでしょう．特に，聞き取りの力をつけるには，CD やその他の音源を利用して，音が耳に残るまで何度でも聞いて，耳の訓練をする学習方法を採り入れて行くことが必要だと思います．聞くことを楽しみながら学習をしていってください．

　この練習帳がコミュニケーションのためのフランス語の力をつけようと思っている皆さんのお役に立てれば幸いです．

阿南婦美代

目　次

第1部　5級 仏検対策

第2部　4級 仏検対策

第 1 部
5 級 仏検対策

仏検5級の聞き取り問題は以下の通り，4問からなっています．
聞き取りの配点が100点中の40点分を占めていることも注目すべきです．

　　1) 簡単な応答文が理解できること（10点）
　　2) 数字が1～20まで聞き取れること（10点）
　　3) 絵を見ながら，日常的な表現が聞き取れること（10点）
　　4) 男性・女性を聞き分けること，単数・複数を聞き分けること（10点）

　質問文も表現も語彙も，フランス語入門段階で習得しておくべき基本的な要素
に限られています．

　この練習帳の5級レベルでは，上記の仏検の問題パターンを考慮しながら，フ
ランス語の聞き取り力を，効果的に，楽しくつけていってもらうように工夫して，
練習の順番は変えて作成されています．この練習帳の順番に練習して行ってくだ
さい．驚くほど聞き取りの力が早くついてくると確信しています．

　フランス語は母音がはっきり発音されますから，聞き取りの難しい言葉ではあ
りませんが，リエゾンやアンシェヌマンという現象に慣れておくことが大切です．
この練習帳では，特にこの点で，数字の聞き取りにも力を入れています．楽しみ
ながら，基本の規則も習得して行ってください．

第1章 絵を見ながら，フランス語のリズムを聞き取る練習

● リズムを聞き取る練習

繰り返そう

🎧 絵を見ながら，フランス語を聞いて，繰り返しましょう．
002 何と言っているのか想像してみてください．

（意味と説明は次ページにありますが，それを見ないで，まず絵を見ながら，音声を何度も聞いて繰り返してみてください．）

Bonjour !
Ça va ?

Allô !

Bon appétit !

Merci.

Pardon !

Attention !

Bon voyage !

Au revoir !
À demain.

🎧
003
前のページの絵を思い出しながら，繰り返しましょう．
－ －は音節の数を表しています．リズムをとって音節の数を感じ取りなが
ら繰り返してください．

（音節）

①	Bonjour !	－ －	こんにちは．
②	Ça va ?	－ －	元気ですか．
③	Allô !	－ －	もしもし．
④	Merci.	－ －	ありがとう．
⑤	Pardon !	－ －	すみません．
⑥	Attention !	－ － －	気をつけて．
⑦	Bon voyage !	－ － －	よい旅行を．
⑧	Bon appétit !	－ － － －	どうぞめしあがれ．
⑨	Au revoir !	－ －	さようなら．
⑩	À demain.	－ － －	また，あした．

上の 10 の表現は音で覚えてしまいましょう．リズムに注意して，聞き取
れた通り，繰り返しましょう．

> ❗ 発音する時は，次の点に注意しましょう．
> ● 唇を少し緊張させて，母音をはっきり発音する．
> ● 最後の音節を少し長めに発音する．

音節の数を数えてみよう

練習しよう [▶解答 p.14]

🎧 **問題①** 10 人のフランス人の名前を聞いて、（音節の数）を線で表しましょ
004　う. テーブルをたたいて音を出しながら、確認してください. フランス
　　　語のリズムに慣れるには効果的です.

① Paul　　　　　　　（　　　　　）

② Jacques　　　　　　（　　　　　）

③ Anne　　　　　　　（　　　　　）

④ Denis　　　　　　　（　　　　　）

⑤ Bruno　　　　　　　（　　　　　）

⑥ Cécile　　　　　　　（　　　　　）

⑦ Sylvie　　　　　　　（　　　　　）

⑧ Hélène　　　　　　　（　　　　　）

⑨ Nathalie　　　　　　（　　　　　）

⑩ Dominique　　　　　（　　　　　）

🎧 **問題②** 音節の数を数えながら練習しましょう. （　　）の中に音節の数を書
005　きましょう.

① **Qui est-ce ?**　　　　　これは誰ですか.　（　　）音節

② **Qu'est-ce que c'est ?**　これは何ですか.　（　　）音節

③ **S'il vous plaît !**　　　　お願いします.　　（　　）音節

④ **Excusez-moi.**　　　　　すみません.　　　（　　）音節

⑤ **Comment ça va ?**　　　元気ですか.　　　（　　）音節

1) ① Paul — （1音節）

　② Jacques — （1音節）

　③ Anne — （1音節）

　④ Denis — － （2音節）

　⑤ Bruno — － （2音節）

　⑥ Cécile — － （2音節）

　⑦ Sylvie — － （2音節）

　⑧ Hélène — － （2音節）

　⑨ Nathalie － － － （3音節）

　⑩ Dominique － － － （3音節）

2) ① **Qu**i **e**st-ce ? － － （2音節）

　② **Qu**'**e**st-ce **qu**e c'est ? － － － （3音節）

　③ S'**il** v**ou**s pl**aî**t ! － － － （3音節）

　④ **E**xc**u**sez-m**oi**. － － － － （4音節）

　⑤ C**o**mm**e**nt **ç**a va ? － － － － （4音節）

（発音する母音を太字にしています．）

フランス語の綴り字の読みかた (1) —これだけは覚えよう！—

　今まで出てきた表現や単語を中心に，フランス語の綴り字の読みかたの決まりをまとめてみます．

　フランス語の綴り字の読み方には例外が少ないので，まず規則を覚えることから始めましょう．

1) 発音しない文字がある．

　注意して音と文字を結びつけて考えた人はもう気がつかれたことでしょう．

● **単語の最後の e は発音しない．**
音声を聞いて規則を確認しましょう．
※発音されていない文字に斜線を入れています．

Cécil_e_　　　Sylvi_e_　　　Nathali_e_

● **単語の最後の子音は原則として発音しない．**

Jacque_s_　　　Deni_s_　　　commen_t_　　　appéti_t_
（l, r はよく発音される Paul, Bonjour）

● **H は発音しない．**
_H_élène

2) 単母音字の読み方

　a à i î y o ô u é è などの文字が単独の場合は，いつも読み方は決まっています．

　a à はいつも [a] ア と読みます．英語のように a をエイと読んだり，ア と読んだり，発音が色々変わるということはありません．アクサンがついていても同じです．

　i î y は [i] イ，o ô [o] オ，u [y] ユ と読みます．

もう一度，今まで出てきた表現や単語で確認してください．

007

a	[a]	Ça va ?	Allô !	Pardon !
i, y	[i]	Merci.	Sylvie	
o, ô	[o] [ɔ]	Bruno	Allô !	sol
u	[y]	sur	excuse	Bruno
é, è	[e] [ɛ]	Hélène	appétit	
e	[ə] [e] [ɛ]	Denis	et	Merci.

3) 複母音字の読み方

フランス語では次のような母音字の組み合わせは一つの音で発音されます．組み合わせの数は限られていますので，以下の読み方を覚えてください．

008

ou	[u]	Bonjour !	vous	ou
(e)au	[o] [ɔ]	au	beau	Paul
oi	[wa]	revoir	moi	trois
ai, ei	[ɛ] [e]	plaît	j'ai	Seine
eu	[ø]	peu	euro	

4) 鼻母音

フランス語には鼻母音と言って，母音を発音するとき，同時に息を鼻からも抜く音が3種類あります．例えば on [ɔ̃] の例で説明すると，オンテンを発音するのではなく，o を発音しながら，鼻に息を抜く音です．音を注意して聞いてから，文字との関連を覚えましょう．

009

on	[ɔ̃]	Bonjour !	Pardon !
en	[ɑ̃]	Comment	
ain	[ɛ̃]	À demain !	

第 **2** 章

数字を聞き取る練習

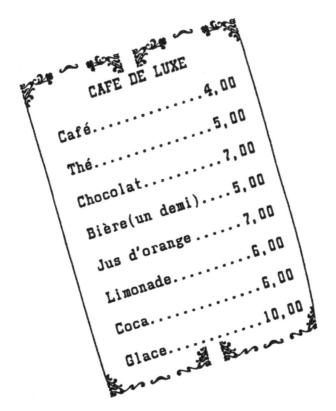

CAFE DE LUXE

Café	4,00
Thé	5,00
Chocolat	7,00
Bière (un demi)	5,00
Jus d'orange	7,00
Limonade	6,00
Coca	6,00
Glace	10,00

🎧 数詞の 1 から 10 までを音声を聞いて覚えましょう.
010

1 un	2 deux	3 trois	4 quatre
5 cinq	6 six	7 sept	8 huit
9 neuf	10 dix		

1 2 3 4 5
6 7 8 9 10
11 12 13 14 15
16 17 18 19 20

数字を聞き取りましょう　[▶解答 p.20]

🎧 livre（本）と chat（猫）に数字をつけています.
11 数字を聞き取り，算用数字で書いてください.

① (　　　　　　) livres

② (　　　　　　) livres

③ (　　　　　　) livres

④ (　　　　　　) livres

⑤ (　　　　　　) livres

⑥ (　　　　　　) chats

⑦ (　　　　　　) chats

⑧ (　　　　　　) chats

⑨ (　　　　　　) chats

⑩ (　　　　　　) chat

🎧 録音されている数字
011

① (2) livres	⑥ (3) chats
② (5) livres	⑦ (4) chats
③ (8) livres	⑧ (6) chats
④ (9) livres	⑨ (7) chats
⑤ (10) livres	⑩ (1) chat

綴り字

① deux livres	⑥ trois chats
② cinq livres	⑦ quatre chats
③ huit livres	⑧ six chats
④ neuf livres	⑨ sept chats
⑤ dix livres	⑩ un chat

絵を見ながら練習しよう

012

① un chapeau

② deux assiettes

③ trois poires

④ quatre pommes

⑤ cinq clefs

⑥ une lampe

⑦ un journal

⑧ un sac

⑨ trois chats

⑩ trois oranges

リエゾンとアンシェヌマン

　数字は**リエゾン**といって，次にくる名詞と発音されない語末の子音を発音して次の単語の母音と続けたり，**アンシェヌマン**といって，語末の発音された子音を次の単語の母音と続けて発音したりしますので，聞き取りが難しくなります．リエゾンは ‿ でアンシェヌマンは ⌒ で表しています．

繰り返そう

名詞 an（年）をつけて何度でも繰り返しましょう．

🎧 013

① un‿an

② deux‿ans

③ trois‿ans

④ quatre⌒ans

⑤ cinq⌒ans

⑥ six‿ans

⑦ sept⌒ans

⑧ huit⌒ans

⑨ neuf‿ans

⑩ dix‿ans

練習しよう

名詞 heure（時）をつけて練習しましょう．

＊時刻表現は 32 ページ

🎧 014

① une⌒heure

② deux‿heures

③ trois‿heures

④ quatre⌒heures

⑤ cinq⌒heures

⑥ six‿heures

⑦ sept⌒heures

⑧ huit⌒heures

⑨ neuf‿heures

⑩ dix‿heures

文章の中の数字の聞き取り練習　[▶解答 p.24]

115

問題❶ フランス語の文 ① 〜 ⑤ にはかならず数が含まれています.
その数を聞き取って解答欄に記入しましょう.

解答欄

① (　　　　　　　　　)

_____

② (　　　　　　　　　)

_____

③ (　　　　　　　　　)

_____

④ (　　　　　　　　　)

_____

⑤ (　　　　　　　　　)

_____

＊文章全体の意味はわからなくても数字を聞き取る事に集中しましょう.

① 2　　　② 3　　　③ 6　　　④ 8　　　⑤ 5

録音されている文章
015

① J'ai **deux** chats.　　　私は猫を2匹飼っている.

② Il est **trois** heures.　　今3時です.

③ Donnez-moi **six** pommes.　リンゴを6個ください.

④ Il est **huit** heures.　　今8時です.

⑤ Attendez **cinq** minutes.　5分待ってください.

文章の中の数字の聞き取り練習 [▶解答 p.26]

問題2 フランス語の文 ① 〜 ⑤ にはかならず数が含まれています.
その数を聞き取って解答欄に記入しましょう.

16

解答欄

① (　　　　　　　　　)

_____

② (　　　　　　　　　)

_____

③ (　　　　　　　　　)

_____

④ (　　　　　　　　　)

_____

⑤ (　　　　　　　　　)

_____

① 2   ② 7   ③ 4   ④ 10   ⑤ 6

🎧 **録音されている文章**
016

① Elle a **deux** enfants.   彼女は子供が 2 人います.

② Nadine a **sept** ans.   ナディンヌは 7 歳です.

③ Il vient à **quatre** heures.   彼は 4 時に来ます.

④ Ça fait **dix** euros.   10 ユーロになります.

⑤ C'est le **six** janvier.   1 月 6 日です.

　　　　　　　　　　　　　　　　　　　　　　　（ 数字は聞き取れましたか？ ）

音で覚えよう

🎧 曜日を覚えましょう.
017

月 lundi   火 mardi   水 mercredi   木 jeudi

金 vendredi   土 samedi   日 dimanche

月を覚えましょう.

1 月 janvier	2 月 février	3 月 mars
4 月 avril	5 月 mai	6 月 juin
7 月 juillet	8 月 août	9 月 septembre
10 月 octobre	11 月 novembre	12 月 décembre

アンシェヌマンとリエゾンについて

アンシェヌマン

　発音される語末の子音を，次にくる語の語頭の母音と結びつけて発音することをアンシェヌマンといいます．子音の音は変わりません．

　　quatre⌢ans　　　sept⌢ans

リエゾン

　単独では発音されない語末の子音字を，次にくる語の語頭の母音と一緒に発音することをリエゾンといいます．

　リエゾンには3つの場合があります．

　　　1) 必ずする場合
　　　2) してはいけない場合
　　　3) してもしなくてもよい場合

　ここでは必ずリエゾンする場合を覚えましょう．

必ずする場合

限定辞＋名詞	: deux‿ans　　des‿enfants
前置詞＋名詞・代名詞	: chez‿elle
人称代名詞＋動詞	: nous‿avons
人称代名詞＋ en, y	: Je vous‿en prie.
成句	: de plus‿en plus

数詞の 11 から 20 までを音声を聞いて覚えましょう.

①	11	onze	⑥	16	seize
②	12	douze	⑦	17	dix-sept
③	13	treize	⑧	18	dix-huit
④	14	quatorze	⑨	19	dix-neuf
⑤	15	quinze	⑩	20	vingt

練習しよう

名詞 an をつけて練習しましょう.

①	onze ans	⑥	seize ans
②	douze ans	⑦	dix-sept ans
③	treize ans	⑧	dix-huit ans
④	quatorze ans	⑨	dix-neuf ans
⑤	quinze ans	⑩	vingt ans

練習しよう

名詞 heure をつけて練習しましょう.

① onze heures
② douze heures
③ treize heures
④ quatorze heures
⑤ quinze heures

⑥ seize heures
⑦ dix-sept heures
⑧ dix-huit heures
⑨ dix-neuf heures
⑩ vingt heures

数字を聞き取りましょう [▶解答 p.30]

① (　　　　　) poires
② (　　　　　) clefs
③ (　　　　　) chats
④ (　　　　　) oranges
⑤ (　　　　　) sacs
⑥ (　　　　　) livres
⑦ (　　　　　) lampes
⑧ (　　　　　) enfants

🎧 録音されている数字
022

① (12) poires

② (10) clefs

③ (16) chats

④ (15) oranges

⑤ (14) sacs

⑥ (20) livres

⑦ (17) lampes

⑧ (13) enfants

綴り字

① douze poires	12個の洋ナシ	
② dix clefs	10個のかぎ	
③ seize chats	16匹の猫	
④ quinze oranges	15個のオレンジ	
⑤ quatorze sacs	14個のバック	
⑥ vingt livres	20冊の本	
⑦ dix-sept lampes	17個のランプ	
⑧ treize enfants	13人の子供	

文章の中の数字の聞き取り練習 [▶解答 p.32]

問題❸ フランス語の文 ① 〜 ⑤ にはかならず数が含まれています.
その数を聞き取って解答欄に記入しましょう.

23

解答欄

① (   )

_____

② (   )

_____

③ (   )

_____

④ (   )

_____

⑤ (   )

_____

① 15   ② 20   ③ 12   ④ 11   ⑤ 17

🎧 **録音されている文章**
023

① Ça fait **quinze** euros.   15 ユーロになります.
② On dîne à **vingt** heures.   20 時に夕食をとります.
③ Nous sommes le **douze** mai.   今日は 5 月 12 日です.
④ L'avion arrive à **onze** heures.   飛行機は 11 時に着きます.
⑤ Elle a **dix-sept** ans.   彼女は 17 歳です.

時間の表現

🎧 音声を聞いて時間の表現を繰り返しましょう.
024

Quelle heure est-il ?   今何時ですか.
Il est une heure.   1 時です.
Il est une heure dix.   1 時 10 分です.
Il est deux heures.   2 時です.
Il est trois heures et quart.   3 時 15 分です.
Il est six heures moins cinq.   6 時 5 分前です.
Il est cinq heures et demie.   5 時半です.
Il est midi.   正午です.
Il est minuit.   真夜中です.

Vous avez l'heure, s'il vous plaît ?   時計をお持ちですか.
     (今、何時ですか.)
— Oui, il est onze heures vingt.   —はい. 11 時 20 分です.
À quelle heure est-ce que tu déjeunes ?   何時に昼食をとりますか.
— Je déjeune à midi et demi.   —私は正午半に昼食をとります.

フランス語の綴り字の読みかた (2)

半母音について

半母音は **[j] [ɥ] [w]** の 3 音です．最も狭い母音 **[i] [y] [u]** は次に母音が続くと，それぞれ，半母音 **[j] [ɥ] [w]** になります．半母音は一音節とは数えません．

半母音を含む単語の例をいくつかあげますので，音声を聞いて，練習しましょう．

025

[j]　**i** [i] ＋母音　: ciel [sjɛl] 空　　　　hier [jɛʀ] 昨日
　　　　　　　　　nièce [njɛs] 姪　　 bien [bjɛ̃] 良く
[ɥ]　**u** [y] ＋母音　: huit [ɥit] 8　　　　 nuit [nɥi] 夜
[w]　**ou** [u] ＋母音: oui [wi] はい　　 Louis [lwi] ルイ（人名）
　　oi [wa]　　　 moi [mwa] 私　 voiture [vwa-tyʀ] 車
　　　　　　　　　 voyage [vwa-jaʒ] 旅行
　　oin [wɛ̃]　　 : moins [mwɛ̃] より少なく　loin [lwɛ̃] 遠く

＊この音は次の様に語尾にくる場合があります．
　　-ail　[aj] :　travail [tʀa-vaj] 仕事
　　-eil　[ɛj] :　pareil [pa-ʀɛj] 同じような
　　-ille　[ij] :　fille [fij] 娘

＊ y が母音と母音の間にくる時は i が 2 つあるように [i-i] として
　扱われます．
　voyage [vwa-jaʒ] 旅　　　　 crayon [kʀɛ-jɔ̃] 鉛筆

🎧 次の単語は半母音が含まれています．音節の数に注意して繰り返しましょ
026 う．−は音節の数です．

①	pied	−	足
②	Louise	−	ルイーズ
③	Suisse	−	スイス
④	jouet	−	玩具
⑤	huit	−	8
⑥	ciel	−	空
⑦	fille	−	娘
⑧	froid	−	寒い
⑨	nuit	−	夜
⑩	noir	−	黒い
⑪	cuisine	− −	台所
⑫	premier	− −	一番の
⑬	réveil	− −	目覚まし
⑭	soleil	− −	太陽
⑮	appareil	− − −	器具

フランス語の綴り字の読みかた (3)

注意したい子音の綴り字

1) 子音字の綴り字で特に気をつけるもの.
   (発音して確認しましょう.)

027

[k]	ca, co, cu	: copie コピー	calcul 計算
	qu ＋ a, e, i, o	: quatre 4	qui 誰
[g]	ga, go, gu	: garage ガレージ	gomme ゴム
	gu ＋ i, e	: guide 案内	langue 言葉
[ʒ]	gi, ge, gea, geo, geu	: gilet カーディガン	village 村
[ʃ]	ch	: chambre 部屋	chat 猫
[ɲ]	gn	: campagne 田舎	montagne 山
[t]	th	: thé 茶	rythme リズム
[s]	ss	: aussi 同じく	poisson 魚

＊母音字にはさまれた s は [z] となります.

poison 毒   maison 家

2) 2重子音字で気をつけるもの.

programme 計画   donner 与える
appartement アパルトマン   appeler 呼ぶ

🎧 子音字に注意して，音声の後について発音しましょう．
028

① cuisine　　　concert　　　cent
　台所　　　　　コンサート　　　100

② argent　　　magique　　　magasin
　お金　　　　　魔法の　　　　店

③ frère　　　　photo　　　　papa
　兄弟　　　　　写真　　　　　パパ

④ passer　　　penser　　　　poser
　通る　　　　　考える　　　　置く

⑤ cas　　　　　équipe　　　　ça
　例　　　　　　チーム　　　　それ

⑥ chambre　　　chat　　　　chanson
　部屋　　　　　猫　　　　　　歌

⑦ saison　　　maison　　　　passion
　季節　　　　　家　　　　　　情熱

⑧ thé　　　　　théâtre　　　taxi
　お茶　　　　　劇場　　　　　タクシー

⑨ garage　　　gomme　　　　guide
　ガレージ　　　消しゴム　　　案内

⑩ qui　　　　　quand　　　　comment
　誰　　　　　　いつ　　　　　どんな風に

第3章

男性・女性を聞き分けたり，単数・複数を聞き分ける練習

un chapeau

un sac

un chemisier

une montre

un manteau

une jupe

un pantalon

un garçon
un homme

une fille
une femme

男性・女性を聞き分ける練習

フランス語には女性名詞と男性名詞があり，形容詞も名詞に一致して男性形・女性形があります．まず，男性名詞，女性名詞の聞き分けの練習をしましょう．

繰り返そう

1) 名詞の前にくる冠詞で聞き分けましょう．次の文を音声を聞いて，繰り返しましょう．

①	C'est **un** livre.	これは本です．
②	C'est **un** garçon.	これは男の子です．
③	C'est **un** stylo.	これは万年筆です．
④	C'est **un** cahier.	これはノートです．
⑤	C'est **un** pantalon.	これはズボンです．
⑥	C'est **une** jupe.	これはスカートです．
⑦	C'est **une** table.	これはテーブルです．
⑧	C'est **une** fleur.	これは花です．
⑨	C'est **une** fille.	これは娘です．
⑩	C'est **une** montre.	これは時計です．

繰り返そう

2) 男性単数名詞は代名詞 il，女性単数名詞は代名詞 elle で受けられます．
音声を聞いて繰り返しましょう．

030

① C'est un livre.　　　　　これは本です．

    Il est beau.　　　　　それはきれいです．

② C'est une fille.　　　　　それは女の子です．

    Elle est petite.　　　　彼女は小さいです．

③ C'est un stylo.　　　　　それは万年筆です．

    Il est français.　　　　それはフランス製です．

④ C'est une montre.　　　　それは時計です．

    Elle est allemande.　　それはドイツ製です．

⑤ C'est un garçon.　　　　それは男の子です．

    Il est lycéen.　　　　　彼は高校生です．

聞き分ける練習　[▶解答 p.40]

問題 主語が il か elle かを聞き分け ✔ 印を入れましょう．

031

	①	②	③	④	⑤	⑥	⑦	⑧
elle								
il								

	①	②	③	④	⑤	⑥	⑦	⑧
elle		✔			✔		✔	
il	✔		✔	✔		✔		✔

🎧 031 **録音されている文章**

①	Il est français.	彼はフランス人です.
②	Elle parle français.	彼女はフランス語を話します.
③	Il est de Paris.	彼はパリの出身です.
④	Il a un chat.	彼は猫を 1 匹飼っています.
⑤	Elle est française.	彼女はフランス人です.
⑥	Il va à Paris.	彼はパリに行きます.
⑦	Elle est journaliste.	彼女は新聞記者です.
⑧	Il ne vient pas.	彼は来ない.

……… 主語を聞き取れましたか. 録音の後について，上の文章を繰り返しましょう. ………

繰り返そう

3) **名詞の前につく指示形容詞や所有形容詞**に注意しましょう. 動詞の後に
くる**形容詞**との 2 カ所で，名詞が女性形か男性形かわかる場合もありま
す. 音声について繰り返しましょう.

🎧 032

①	**Ce** livre est **gros**.	この本は分厚いです.
②	**Ce** sac est **lourd**.	この鞄は重いです.
③	**Cette** fleur est **jolie**.	この花はきれいです.
④	**Cette** table est **ronde**.	このテーブルは丸いです.
⑤	**Sa** voiture est **grande**.	彼 (女) の車は大きいです.

職業に関する名詞

33

	男性		女性	
①	un étudiant	男子学生	une étudiant**e**	女子学生
②	un lycéen	男子高校生	une lycéen**ne**	女子高校生
③	un pharmacien	薬剤師	une pharmacien**ne**	女性薬剤師
④	un vendeur	店員	une vendeu**se**	女子店員
⑤	un coiffeur	美容師	une coiffeu**se**	女性美容師
⑥	un cuisinier	料理人	une cuisini**ère**	女性料理人
⑦	un boulanger	パン屋	une boulang**ère**	女性のパン屋

男性名詞のみの単語

un docteur 医師　　un professeur 先生　　un écrivain 作家

(une docteur, une professeur**e**, une écrivain**e** が使われることもあります.)

41

形容詞の男性形と女性形

🎧 次の 20 個の形容詞の男性形・女性形を**音の違い**に注意して聞きましょう.
034

	男性形		女性形	
①	grand	—	grande	大きい
②	petit	—	petite	小さい
③	court	—	courte	短い
④	fort	—	forte	強い
⑤	gros	—	grosse	太った
⑥	épais	—	épaisse	厚い
⑦	content	—	contente	満足した
⑧	lourd	—	lourde	重い
⑨	lent	—	lente	遅い
⑩	prêt	—	prête	用意のできた
⑪	profond	—	profonde	深い
⑫	long	—	longue	長い
⑬	froid	—	froide	冷たい
⑭	doux	—	douce	やさしい
⑮	heureux	—	heureuse	幸せな
⑯	blond	—	blonde	ブロンドの
⑰	brun	—	brune	褐色の
⑱	gris	—	grise	灰色の
⑲	vert	—	verte	緑の
⑳	blanc	—	blanche	白い

規則:綴り字では，形容詞の女性形は原則として男性形に e をつける．
　　　音の上では，**子音が発音される**．音に注意しましょう．

聞き分ける練習　[▶解答 p.44]

問題① フランス語の文 (1) 〜 (5) を，それぞれ 3 回ずつ聞いてください．
(1) 〜 (5) の文にふさわしい絵を，それぞれ ①，② から選び，解答欄に
その番号を記入してください．

35

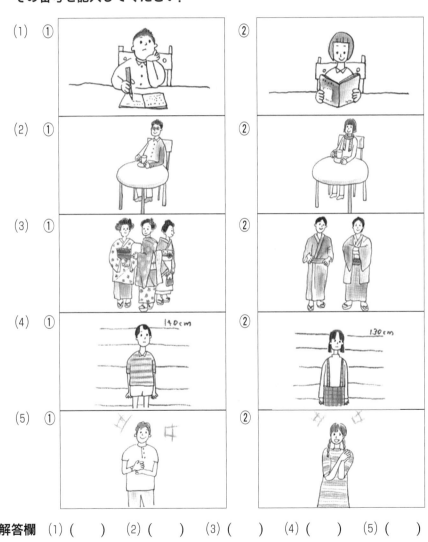

解答欄　(1) (　　　) 　(2) (　　　) 　(3) (　　　) 　(4) (　　　) 　(5) (　　　)

(1) ①   (2) ②   (3) ②   (4) ②   (5) ①

🎧 **録音されている文章**
035
    (1) Il est étudiant.   彼は学生です.

    (2) Renée est française.   ルネはフランス人です.

    (3) Ils sont japonais.   彼らは日本人です.

    (4) Elle est petite.   彼女は小さいです.

    (5) Il est content.   彼は嬉しいです.

解説

(1) 代名詞 il と étudiant から男子学生です.

(2) René は男性で Renée は女性ですが, 耳で聞いただけではわかりません.
形容詞の française の最後の [z] の音に注意します.

(3) 代名詞の ils と japonais の 2 カ所で男性形とわかります.

(4) 代名詞の elle と petite の [t] の音が聞き取れましたか.

(5) 代名詞の il と content が男性形です.

単数・複数を聞き分ける練習

un étudiant

des chats

un chat

des étudiants

1) 名詞の前につく冠詞，指示形容詞，所有形容詞に注意しましょう．
音声を聞いて何度でも繰り返してください．

036

① Elle a **un** chat.　　　　　彼女は猫を一匹飼っている．

② Elle a **des** chats.　　　　彼女は猫を数匹飼っている．

③ Il téléphone à **son** amie.　　彼は彼の友達に電話をする．

④ Il téléphone à **ses** amis.　　彼は彼の友人たちに電話をする．

⑤ J'invite **mon** ami.　　　　私は私の友達を招待する．

⑥ J'invite **mes** amis.　　　　私は私の友人たちを招待する．

⑦ J'achète **ce** livre.　　　　私はこの本を買う．

⑧ J'achète **ces** livres.　　　私はこれら数冊の本を買う．

⑨ J'envoie **une** lettre.　　　私は手紙を一通送る．

⑩ J'envoie **des** lettres.　　　私は手紙を数通送る．

名詞の前につくもの

	男性単数	女性単数	複　数
不定冠詞	un	une	des
定冠詞	le (l')*	la (l')*	les
指示形容詞	ce cet*	cette	ces

＊名詞が母音または無音の h で始まる場合

所有形容詞

	男性単数	女性単数	複　数
私の	mon	ma (mon*)	mes
君の	ton	ta (ton*)	tes
彼 (女) の	son	sa (son*)	ses
私たちの	notre		nos
あなた (たち) の	votre		vos
彼 (女) らの	leur		leurs

＊女性名詞が母音または無音の h で始まる場合

2) フランス語では主語の**複数の -s** は発音されませんが, 動詞が母音で始まるときは, リエゾンに注意しましょう. また3人称の単数・複数は動詞の最後の音に注意して聞き分けます. 次の文章を繰り返し, 単数と複数に慣れましょう. （　　）内は動詞の原型です.

繰り返そう

037

① （habiter　住む）
　　Elle habite à Nice.　　　　彼女はニースに住んでいる.
　　Elles habitent à Nice.　　　彼女たちはニースに住んでいる.

② （étudier　学ぶ）
　　Elle étudie le français.　　　彼女はフランス語を学んでいる.
　　Elles étudient le français.　　彼女たちはフランス語を学んでいる.

③ （choisir　選ぶ）
　　Il choisit un menu.　　　　彼は定食を選ぶ.
　　Ils choisissent un menu.　　彼らは定食を選ぶ.

④ （finir　終える）
　　Il finit le dîner.　　　　　彼は夕食を終える.
　　Ils finissent le dîner.　　　彼らは夕食を終える.

文章 ①, ② はリエゾンで複数が聞き取れます.
　　　③, ④ は動詞の最後の子音を注意して聞き取りましょう.

3) **よく使われる12個の不規則動詞**です．単数と複数の違いを注意して聞き，繰り返しましょう．

繰り返そう

138

① （être ～である）

Il est français. 彼はフランス人です．
Ils sont français. 彼らはフランス人です．

Elle est japonaise. 彼女は日本人です．
Elles sont japonaises. 彼女たちは日本人です．

② （avoir 持つ）

Il a chaud. 彼は暑いです．
Ils ont chaud. 彼らは暑いです．

Elle a froid. 彼女は寒いです．
Elles ont froid. 彼女たちは寒いです．

③ （venir 来る）

Il vient de Paris. 彼はパリから来る．
Ils viennent de Paris. 彼らはパリから来る．

④ （aller 行く）

Elle va à Londres. 彼女はロンドンへ行く．
Elles vont à Londres. 彼女たちはロンドンへ行く．

⑤ （prendre 乗る）

Il prend un taxi. 彼はタクシーに乗る．
Ils prennent un taxi. 彼らはタクシーに乗る．

⑥　(pouvoir できる)
Il peut partir.　　　　　　　彼は出発できる.
Ils peuvent partir.　　　　　彼らは出発できる.

⑦　(dormir 眠る)
Elle dort.　　　　　　　　彼女は寝ている.
Elles dorment.　　　　　　彼女たちは寝ている.

⑧　(vouloir 望む)
Elle veut travailler.　　　　彼女は仕事をしたい.
Elles veulent travailler.　　　彼女らは仕事をしたい.

⑨　(attendre 待つ)
Il attend un bus.　　　　　彼はバスを待っている.
Ils attendent un bus.　　　　彼らはバスを待っている.

⑩　(mettre はく, 身につける)
Il met ses chaussures.　　　彼は靴をはく.
Ils mettent leurs chaussures.　彼らは靴をはく.

⑪　(sortir 外出する)
Il sort ce soir.　　　　　　彼は今夜出かける.
Ils sortent ce soir.　　　　　彼らは今夜出かける.

⑫　(partir 出発する)
Elle part pour Paris.　　　　彼女はパリに出発する.
Elles partent pour Paris.　　　彼女たちはパリに出発する.

聞き分ける練習 [▶解答 p.52]

問題2 主語が単数か複数かを聞き分け，✔印を入れましょう．

39

	①	②	③	④	⑤	⑥	⑦	⑧
単数								
複数								

(メモ)

	①	②	③	④	⑤	⑥	⑦	⑧
単 数	✔		✔		✔	✔		✔
複 数		✔		✔			✔	

🎧 **録音されている文章**
039

①	Il choisit un cadeau.	彼はプレゼントを選ぶ.
②	Elles étudient tous les jours.	彼女たちは毎日勉強する.
③	Elle va au cinéma.	彼女は映画に行く.
④	Ils choisissent un film.	彼らは映画を選ぶ.
⑤	Le bébé dort.	赤ちゃんは眠っている.
⑥	Elle veut cuisiner.	彼女は料理をしたい.
⑦	Ils vont à l'hôpital.	彼らは病院に行く.
⑧	Elle prend le train.	彼女は電車に乗る.

解説

① 複数であれば，ils choisissent で，動詞は [s] の音で終わります．

② Elles étudient のリエゾンで複数であることがわかります．

③ Elle va 動詞が3人称単数の活用です．複数は elles vont

④ 動詞の活用語尾の [s] の音でわかります．

⑤ bébé の前の冠詞が単数 le であることと，動詞が単数です．複数は ils dorment [m] の音で終わります．

⑥ elle veut — elles veulent で，複数なら [l] の音で終わります．

⑦ aller 動詞の活用が3人称複数です．

⑧ 動詞の活用 elle prend — elles prennent ですので，単数とわかります．

聞き分ける練習 [▶解答 p.54]

問題③ 音声を聞いて，次の2つの文章のどちらが読まれているか聞き取り，チェックを入れてください．

40

① ☐ Elle achète des pommes.
　☐ Elles achètent des pommes.

② ☐ Il arrive en retard.
　☐ Ils arrivent en retard.

③ ☐ Elle aime les fruits.
　☐ Elles aiment les fruits.

④ ☐ Il choisit un cadeau.
　☐ Ils choisissent un cadeau.

⑤ ☐ Il finit tôt ce soir.
　☐ Ils finissent tôt ce soir.

⑥ ☐ Il vient aujourd'hui.
　☐ Ils viennent aujourd'hui.

⑦ ☐ Il prend le petit déjeuner à 7 heures.
　☐ Ils prennent le petit déjeuner à 7 heures.

⑧ ☐ Il boit du vin.
　☐ Ils boivent du vin.

🎧 040

① ☐ Elle achète des pommes.　　　彼女はリンゴを買う.
　 ☑ Elles achètent des pommes.　彼女たちはリンゴを買う.

② ☐ Il arrive en retard.　　　彼は遅刻してくる.
　 ☑ Ils arrivent en retard.　彼らは遅刻してくる.

③ ☐ Elle aime les fruits.　　　彼女は果物が好きです.
　 ☑ Elles aiment les fruits.　彼女たちは果物が好きです.

④ ☐ Il choisit un cadeau.　　　彼はプレゼントを選ぶ.
　 ☑ Ils choisissent un cadeau.　彼らはプレゼントを選ぶ.

⑤ ☐ Il finit tôt ce soir.　　　彼は今夜早く終わる.
　 ☑ Ils finissent tôt ce soir.　彼らは今夜早く終わる.

⑥ ☐ Il vient aujourd'hui.　　　彼は今日来ます.
　 ☑ Ils viennent aujourd'hui.　彼らは今日来ます.

⑦ ☑ Il prend le petit déjeuner à 7 heures.
　　　　　　　　　彼は朝食を7時にとります.
　 ☐ Ils prennent le petit déjeuner à 7 heures.
　　　　　　　　　彼らは朝食を7時にとります.

⑧ ☐ Il boit du vin.　　　彼はワインを飲む.
　 ☑ Ils boivent du vin.　彼らはワインを飲む.

同じ動詞の3人称の単数形・複数形を聞き分ける訓練をしましょう.
動詞が母音で始まっているときはリエゾンの [z] の音に注意すること.
また不規則動詞では, 動詞の活用の最後の子音を聞き取ることが大切です.

聞き分ける練習 [▶解答 p.56]

問題④ フランス語の文 (1) 〜 (5) を，それぞれ3回ずつ聞いてください．
(1) 〜 (5) の文にふさわしい絵を，それぞれ ①，② から選び，解答欄に
その番号を記入してください．

041

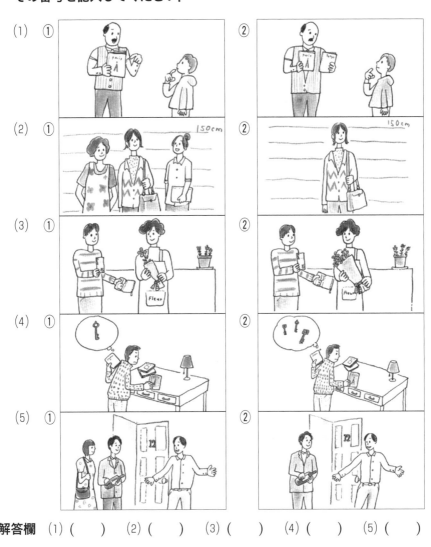

解答欄 (1) (　　) (2) (　　) (3) (　　) (4) (　　) (5) (　　)

(1) ②　　　　(2) ①　　　　(3) ②　　　　(4) ①　　　　(5) ①

🎧 **録音されている文章**
041

(1) Achetez ces livres.　　　　これらの本を買いなさい．

(2) Elles sont petites.　　　　彼女たちは小さい．

(3) Il achète des fleurs.　　　　彼は花を何本か買います．

(4) Où est ma clef ?　　　　私の鍵はどこにあるの．

(5) Il invite des amis.　　　　彼は友人たちを招待する．

(1) ces livres ですから複数です．

(2) elles sont で複数です．

(3) des fleurs の des を聞き取れましたか．

(4) ma clef ですから単数です．複数は mes clefs

(5) des amis で複数です．

第4章 状況に合った絵を選ぶ練習

regarder la télévision

lire un livre

dormir

faire la cuisine

téléphoner

se promener

conduire une voiture

042

Quel temps fait-il ?　　　　どんな天気ですか.

一般動詞（faire, avoir）を用いた表現

Il fait beau.　　　　　　天気がよい.

Il fait mauvais.　　　　　天気が悪い.

Il fait chaud.　　　　　　暑い.

Il fait froid.　　　　　　寒い.

Il fait bon.　　　　　　　気持ちがよい.

Il fait frais.　　　　　　すずしい.

Il fait humide.　　　　　湿気がある.

Il y a du soleil.　　　　　陽が照っている.

Il y a des nuages.　　　　曇っている.

Il y a des éclaircies.　　　晴れ間がある.

Il y a du vent.　　　　　風がある.

非人称動詞（主語は３人称単数 il の活用のみ）

pleuvoir 雨が降る　　　　neiger 雪が降る

Il pleut. 雨が降っている.　　　　　　Il neige. 雪が降る.

🎧 **問題1** フランス語の文 (1) 〜 (5) を，それぞれ 3 回ずつ聞いてください．
43 それぞれの文にもっともふさわしい絵を，下の ① 〜 ⑤ のなかから 1 つ
ずつ選び，その番号を解答欄に記入してください．[▶解答 p.60]
（メモは自由にとってかまいません）

①

②

③

④

⑤

解答欄　(1) (　　)　(2) (　　)　(3) (　　)　(4) (　　)　(5) (　　)

(1) ②　　　　(2) ④　　　　(3) ③　　　　(4) ①　　　　(5) ⑤

🎧 録音されている文章
043

(1) Entrez.　　　　　　　　　　　お入りください.

(2) Montrez-moi cette cravate.　　このネクタイを見せてください.

(3) J'aime faire du vélo.　　　　　私は自転車に乗るのが好きです.

(4) Encore un peu de café ?　　　もう少し, コーヒーはいかがですか.

(5) Je sors ce soir.　　　　　　　今晩出かけます.

(解説)

この様な問題は絵をよく見ることが大切です. (1)のような日常的な挨拶の表現は 94 〜 96 ページにまとめてあります. (2)(3)(5)は基本的な動詞の意味を知っておくことが必要です. 97 〜 102 ページを利用してください.

🔊
44
問題2 フランス語の文 (1) 〜 (5) を，それぞれ 3 回ずつ聞いてください．
それぞれの文にもっともふさわしい絵を，下の ① 〜 ⑤ のなかから 1 つ
ずつ選び，その番号を解答欄に記入してください．[▶解答 p.62]
（メモは自由にとってかまいません）

①

②

③

④

⑤

解答欄　(1) (　　　)　　(2) (　　　)　　(3) (　　　)　　(4) (　　　)　　(5) (　　　)

解答 ┄┄┄

(1) **⑤**　　　　(2) **①**　　　　(3) **②**　　　　(4) **④**　　　　(5) **③**

🎧 **録音されている文章**
044

(1)	À demain.	また明日.
(2)	J'ai chaud.	私は暑いです.
(3)	Où est-ce que tu as mal ?	どこが痛いの.
(4)	Elle est fatiguée.	彼女は疲れている.
(5)	Bon voyage.	良い旅行を.

解説

(2), (3) は avoir を使った慣用句です. 下の表現も覚えておきましょう.

覚えよう

🎧 **avoir を使った慣用句**で体調に関するもの
045

avoir chaud	暑い	avoir faim	お腹がすいた
avoir froid	寒い	avoir mal à la tête	頭が痛い
avoir soif	のどが渇いた	avoir mal aux yeux	目が痛い
avoir sommeil	眠い	avoir mal aux dents	歯が痛い

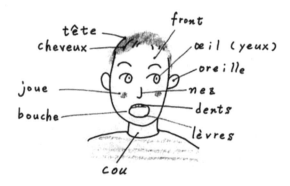

🎧
46
問題3 フランス語の文 (1) 〜 (5) を，それぞれ 3 回ずつ聞いてください．
それぞれの文にもっともふさわしい絵を，下の ① 〜 ⑤ のなかから 1 つ
ずつ選び，その番号を解答欄に記入してください． [▶解答 p.64]
（メモは自由にとってかまいません）

①

②

③

④

⑤

解答欄　(1) (　　) 　(2) (　　) 　(3) (　　) 　(4) (　　) 　(5) (　　)

(1) ③　　　　(2) ⑤　　　　(3) ④　　　　(4) ②　　　　(5) ①

🎧 **録音されている文章**
046

(1) Allô, Philippe est là ?　　　もしもし，フィリップはいますか．

(2) Ce n'est pas cher.　　　高くないわ．

(3) Enchanté(e).　　　はじめまして．

(4) Où est mon sac ?　　　私の鞄はどこかしら．

(5) J'aime la salade.　　　私はサラダが好きです．

解説

(1) 電話での表現です．その他にも，以下の電話での表現を覚えておくといい
でしょう．

(2) cher は値段が高いという意味です．安いは bon marché です．

(3) はじめて会ったときの挨拶の表現です．

(4) 65 ページの場所の前置詞も覚えておきましょう．

音で覚えよう

🎧 **電話での表現**
047

① Un instant, s'il vous plaît.　　　ちょっと待ってください．

② Ne quittez pas.　　　そのまま待ってください．

③ Je vous le passe.　　　彼とかわります．

④ Je vous la passe.　　　彼女とかわります．

⑤ Ça ne répond pas.　　　電話に誰も出ない．

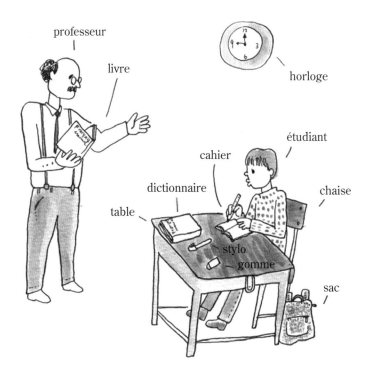

場所の前置詞 (句)

① La gomme est *sur* la table.　　消しゴムはテーブルの上にある.

② La gomme n'est pas *sous* la table.

　　　　　　　　　　　消しゴムはテーブルの下にない.

③ Le livre n'est pas *dans* le sac.　本は鞄の中にない.

④ Le sac est *près* de la chaise.　　鞄は椅子の側にある.

⑤ Le sac n'est pas *derrière* la chaise.

　　　　　　　　　　　鞄は椅子の後ろにない.

⑥ Le professeur est *en face de* l'étudiant.

　　　　　　　　　　先生は学生の前にいる.

⑦ Le stylo est *entre* le dictionnaire et la gomme.

　　　　　　　　　万年筆は辞書と消しゴムの間にある.

048

⑧ La bicyclette est *dans* le garage.　　自転車はガレージの中にある.

⑨ La voiture est *dans* le garage.　　車はガレージの中にある.

⑩ Le chien est *sous* l'arbre.　　犬は木の下にいる.

⑪ La cuisine est *à côté du* salon.　　台所は居間の横にある.

⑫ La salle de bain est *entre* la cuisine et l'entrée.
　　　　　　　　　　　　　　　　浴室は台所と玄関の間にある.

第5章 応答文を聞き取る練習

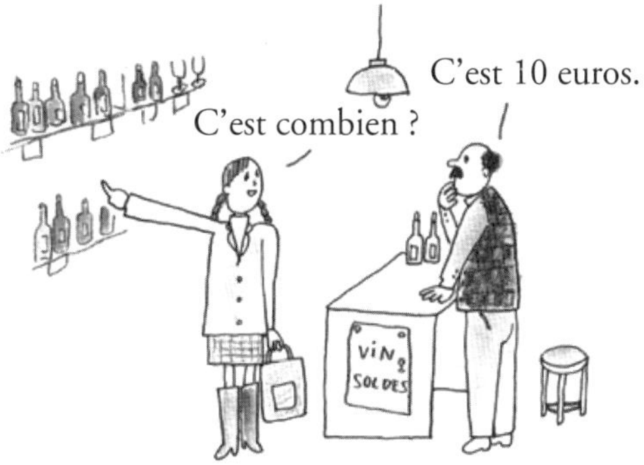

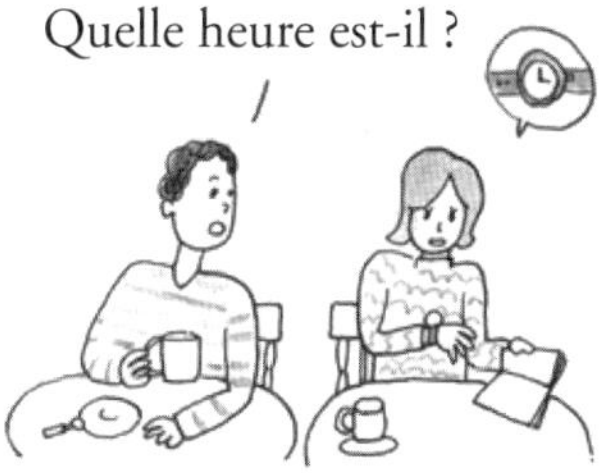

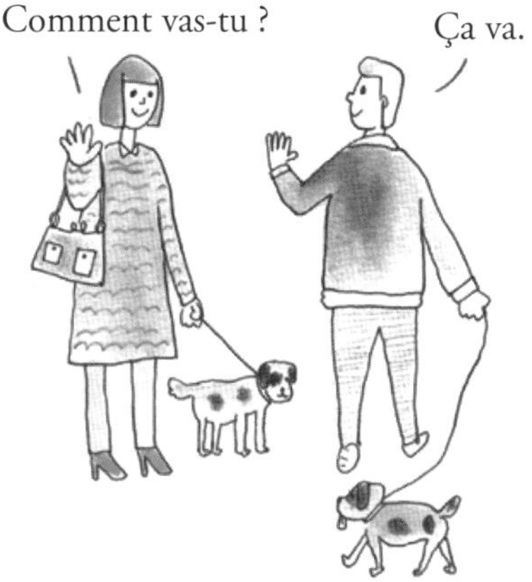

1) 疑問詞のない疑問文とそれに対する答えです.
何度も聞いて覚えましょう.

049

音で覚えよう

① Vous êtes japonaise ?　　　あなたは日本人ですか.
　— Oui, je suis japonaise.　　— はい, 私は日本人です.
　— Non, je ne suis pas japonaise.
　　　　　　　　　　　　　　— いいえ, 日本人ではありません.

② Avez-vous chaud ?　　　暑いですか.
　— Oui, j'ai chaud.　　　— はい, 暑いです.
　— Non, je n'ai pas chaud.　— いいえ, 暑くありません.

③ As-tu soif ?　　　のどが渇いていますか.
　— Oui, j'ai soif.　　— はい, 渇いています.
　— Non, je n'ai pas soif.　　— いいえ, 渇いていません.

④ Vous avez l'heure ?　　　今, 何時ですか.
　— Oui, il est 7 heures.　　— はい, 7時です.

⑤ Vous allez bien ?　　　お元気ですか.
　— Oui, très bien.　　　— はい, とても元気です.
　— Comme ci, comme ça.　— まあまあです.

⑥　Est-il fatigué ?　　　　　　　　　彼は疲れていますか.
　　— Non, il n'est pas fatigué.　　　 — いいえ, 疲れていません.
　　— Oui, il est fatigué.　　　　　　 — ええ, 疲れています.

⑦　Avez-vous des sœurs ?　　　　　姉妹はいますか.
　　— Oui, j'ai une sœur.　　　　　　 — はい, 一人います.
　　— Non, je n'ai pas de sœurs.　　 — いいえ, いません.

⑧　Ce n'est pas cher ?　　　　　　　高くないですか.
　　— Non, ce n'est pas cher.　　　　 — はい, 高くありません.
　　— Si, c'est cher.　　　　　　　　 — いいえ, 高いです.

⑨　Est-ce que je peux essayer ?　　試着していいですか.
　　— Bien sûr.　　　　　　　　　　　 — もちろんです.

⑩　Voulez-vous m'apporter une carte ?
　　　　　　　　　　　　　　　　　　　メニューを持ってきてください
　　　　　　　　　　　　　　　　　　　ますか.
　　— Entendu, Monsieur.　　　　　　 — かしこまりました.
　　— Oui, tout de suite.　　　　　　 — はい, すぐに.

＊⑨ ⑩ の場合のように, oui, non なしで, 受け答えの表現を使える場合もあり
　ますが, 疑問詞のない疑問文は一般に oui, non, si で答えます.

2) **疑問詞を使った疑問文**とそれに対する答えです.
繰り返し聞いてください.

🎧 **050**

① Qu'est-ce que c'est ?　　　これは何ですか.
　— C'est une machine à laver.　— 洗濯機です.

② Qui est-ce ?　　　これは誰ですか.
　— C'est Philippe.　— フィリップです.

③ Qu'est-ce qu'il fait ?　　　彼の職業は何ですか.
　— Il est médecin.　— 彼は医者です.

④ Qu'est-ce que vous avez ?　　　どうしたのですか.
　— J'ai mal aux dents.　— 歯が痛いのです.

⑤ Comment allez-vous ?　　　ごきげんいかがですか.
　— Je vais très bien, merci.　— とても元気です. ありがとう.

⑥ Comment vous appelez-vous ?　お名前は何といわれますか.
　— Je m'appelle Masayo.　— まさよといいます.

⑦ Quand partez-vous ?　　　いつ出発されますか.
　— Je pars demain.　— 明日, 出発します.

⑧ C'est combien ?　　　おいくらですか.
　— C'est 20 euros.　— 20 ユーロです.

⑨　Vous êtes combien ?　　　　あなたたちは何人ですか.
　　— Nous sommes cinq.　　　　— 5人です.

⑩　Où est-ce que vous habitez ?　どこに住んでいますか.
　　— J'habite à Kyoto.　　　　— 京都に住んでいます.

⑪　Quelle heure est-il ?　　　　今，何時ですか.
　　— Il est 7 heures.　　　　　— 7時です.

⑫　À quelle heure arrive ton frère ?

　　　　　　　　　　　　　　弟さんは何時に着きますか.
　　— Il arrive à 10 heures.　　— 10時に着きます.

⑬　Quel temps fait-il ?　　　　どんな天気ですか.
　　— Il fait beau.　　　　　　— 天気はいいです.

⑭　Tu as quel âge ?　　　　　　君は何歳なの.
　　— J'ai 9 ans.　　　　　　　— 9歳です.

⑮　Tu habites à quel étage ?　　君は何階に住んでるの.
　　— J'habite au 3ème étage.　　— 4階に住んでいます.

troisième étage
deuxième étage
premier étage
rez-de-chaussée

🎧 **問題 1** フランス語の文 (1) ～ (5) を，それぞれ 3 回ずつ聞いてください．
051 (1) ～ (5) の文に対する応答として適切なものを，それぞれ ①，② から
選び，解答欄に記入してください．[▶解答 p.75]

(1) ① Je pars demain.

② Je pars avec vous.

(2) ① C'est moi, Nathalie.

② C'est mon livre.

(3) ① Il est trois heures.

② Il est heureux.

(4) ① Je viens de Tokyo.

② Très bien.

(5) ① Non, je n'ai pas de sœurs.

② Oui, vous avez deux sœurs.

解答欄 (1) (　　) 　(2) (　　) 　(3) (　　) 　(4) (　　) 　(5) (　　)

🔊 **問題2** フランス語の文 (1) 〜 (5) を，それぞれ 3 回ずつ聞いてください．
52 (1) 〜 (5) の文に対する応答として適切なものを，それぞれ ①, ② から
選び，解答欄に記入してください． [▶解答 p.75]

(1) ① Oui, j'ai froid.
　　② Si, j'ai froid.

(2) ① Si, je suis fatigué.
　　② Oui, vous êtes fatigué.

(3) ① J'ai chaud.
　　② J'ai 20 ans.

(4) ① Il est 7 heures.
　　② Je pars à 7 heures.

(5) ① Il fait très beau.
　　② Il est bon.

解答欄 (1) (　　) (2) (　　) (3) (　　) (4) (　　) (5) (　　)

🎧 **問題3** フランス語の文 (1) 〜 (5) を，それぞれ 3 回ずつ聞いてください．
053 (1) 〜 (5) の文に対する応答として適切なものを，それぞれ ①, ② から
選び，解答欄に記入してください． [▶解答 p.76]

(1) ① Je vais chez une amie à Paris.

② J'ai une amie à Paris.

(2) ① Nous venons demain.

② Nous prenons ce vin.

(3) ① Je veux aller en France.

② Je viens d'aller en France.

(4) ① Oui, s'il vous plaît.

② Non, souvent.

(5) ① Ça fait 16 euros.

② Nous sommes 6.

解答欄 (1) (　　) (2) (　　) (3) (　　) (4) (　　) (5) (　　)

[解答] ·····

[問題❶]

(1) ①　　　　(2) ①　　　　(3) ①　　　　(4) ②　　　　(5) ①

録音されている文章
51

(1) Quand partez-vous ?　　　　いつ，出発しますか．

(2) Qui est là ?　　　　そこにいるのは誰ですか．

(3) Quelle heure est-il ?　　　　今，何時ですか．

(4) Vous allez bien ?　　　　お元気ですか．

(5) Avez-vous des sœurs ?　　　　あなたには姉妹はいますか．

[問題❷]

(1) ①　　　　(2) ①　　　　(3) ①　　　　(4) ②　　　　(5) ①

録音されている文章
052

(1) Avez-vous froid ?　　　　寒いのですか．

(2) Vous n'êtes pas fatigué ?　　　　疲れていませんか．

(3) Qu'est-ce que tu as ?　　　　どうしたの．

(4) À quelle heure partez-vous ?　　　　何時に出発しますか．

(5) Quel temps fait-il ?　　　　どんな天気ですか．

---

(1) ①　　　　(2) ②　　　　(3) ①　　　　(4) ①　　　　(5) ②

🎧 **録音されている文章**
053

(1) Où allez-vous ?　　　　　　　あなたはどこに行きますか.

(2) Qu'est-ce que vous prenez ?　何にされますか.

(3) Qu'est-ce que tu veux faire cet été ?　今年の夏は何をしたい.

(4) Vous voulez du vin ?　　　　ワインはいかがですか.

(5) Vous êtes combien ?　　　　あなたたちは何人ですか.

第**6**章

聞き取り模擬試験問題

聞き取り模擬試験問題 **1** [▶解答 p.84]

聞き取り模擬試験問題 **2** [▶解答 p.90]

試験問題冊子〈5級〉表紙

＊注意事項も読んでください。問題冊子は試験終了後持ち帰り可能です。
問題冊子の方に自分の答えを記入しておくと、終了後正解が公開されますので、自己採点ができます。

実用フランス語技能検定試験
試験問題冊子 〈5級〉

問題冊子は試験開始の合図があるまで開いてはいけません。

筆記試験	10時00分〜10時30分
	（休憩なし）
聞き取り試験	10時30分から約15分間

◇問題冊子は表紙を含め16ページ、筆記試験が7問題、聞き取り試験が4問題です。

注意事項

1 途中退出はいっさい認めません。

2 筆記用具は **HB または B の黒鉛筆**（シャープペンシルも可）を用いてください。ボールペンや万年筆等でマークした解答は機械による読み取りの対象とならないため、採点されません。

3 解答用紙の所定欄に、**受験番号**と**カナ氏名**が印刷されていますから、まちがいがないか、**確認**してください。

4 **解答は、解答用紙の解答欄にマークしてください。**たとえば、① の (1) に対して ③ と解答する場合は、次の例のように解答欄の ③ にマークしてください。

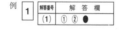

5 解答に関係のないことを書いた答案は無効にすることがあります。

6 解答用紙を折り曲げたり、破ったり、汚したりしないように注意してください。

7 問題内容に関する質問はいっさい受けつけません。

8 不正行為者はただちに退場、それ以降および来季以後の受験資格を失うことになります。

9 **携帯電話等の電子機器の電源はかならず切って、かばん等にしまってください。**通信機能のある時計は使用を禁じます。

10 **時計のアラームは使用しないでください。**

11 この試験問題の複製（コピー）を禁じます。また、この試験問題の一部または全部を当協会の許可なく他に伝えたり、漏えいしたりすることを禁じます（インターネットや携帯サイト等に掲載することも含みます）。

筆記試験終了後、休憩なしに聞き取り試験にうつります。

－1－

解 答 用 紙

＊筆記試験終了後、休憩なしに聞き取り試験になります。

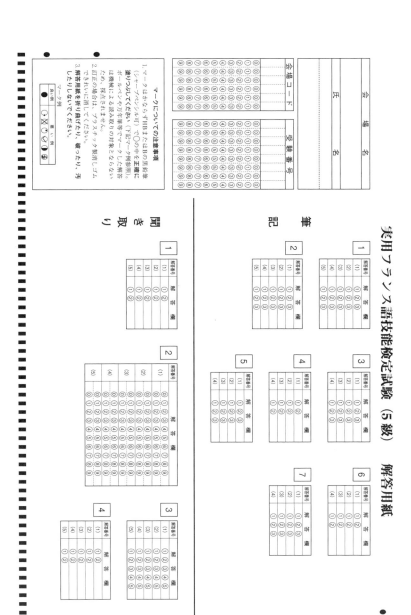

実用フランス語技能検定試験（5級）解答用紙

🎧
054

1 ・フランス語の文 (1) 〜 (5) を，それぞれ 3 回ずつ聞いてください．
　・(1) 〜 (5) の文に対する応答として適切なものを，それぞれ ①，②
　から選び，解答欄のその番号にマークしてください．

（メモは自由にとってかまいません）（配点 10）

(1)　①　Je vais à Paris.
　　②　Vous allez bien.

(2)　①　C'est Jean.
　　②　Il est journaliste.

(3)　①　Tu as 9 ans.
　　②　J'ai 6 ans.

(4)　①　Si, je suis français.
　　②　Non, je suis allemand.

(5)　①　Lundi.
　　②　À la maison.

1	解答番号	解答欄
	(1)	① ②
	(2)	① ②
	(3)	① ②
	(4)	① ②
	(5)	① ②

2 ・フランス語の文 (1) ～ (5) を，それぞれ 3 回ずつ聞いてください．

・どの文にもかならず数字が含まれています．例にならって，その数字を解答欄にマークしてください．

（メモは自由にとってかまいません）（配点 10）

(例)

・「7」と解答したい場合には，

とマークしてください．

・「15」と解答したい場合には，

とマークしてください．

2 解答番号	解　答　欄
(1)	⓪ ① ② ③ ④ ⑤ ⑥ ⑦ ⑧ ⑨ ⓪ ① ② ③ ④ ⑤ ⑥ ⑦ ⑧ ⑨
(2)	⓪ ① ② ③ ④ ⑤ ⑥ ⑦ ⑧ ⑨ ⓪ ① ② ③ ④ ⑤ ⑥ ⑦ ⑧ ⑨
(3)	⓪ ① ② ③ ④ ⑤ ⑥ ⑦ ⑧ ⑨ ⓪ ① ② ③ ④ ⑤ ⑥ ⑦ ⑧ ⑨
(4)	⓪ ① ② ③ ④ ⑤ ⑥ ⑦ ⑧ ⑨ ⓪ ① ② ③ ④ ⑤ ⑥ ⑦ ⑧ ⑨
(5)	⓪ ① ② ③ ④ ⑤ ⑥ ⑦ ⑧ ⑨ ⓪ ① ② ③ ④ ⑤ ⑥ ⑦ ⑧ ⑨

3 ・フランス語の文 (1) 〜 (5) を，それぞれ 3 回ずつ聞いてください．
・それぞれの文に最もふさわしい絵を，下の ①〜⑤ のなかから 1 つ
ずつ選び，解答欄のその番号にマークしてください．
（メモは自由にとってかまいません）（配点 10）

①

②

③

④

⑤

3 解答番号	解 答 欄
(1)	① ② ③ ④ ⑤
(2)	① ② ③ ④ ⑤
(3)	① ② ③ ④ ⑤
(4)	① ② ③ ④ ⑤
(5)	① ② ③ ④ ⑤

🎧 57

4 ・フランス語の文 (1) 〜 (5) を，それぞれ 3 回ずつ聞いてください．
　・(1) 〜 (5) の文に最もふさわしい絵を，それぞれ ①，② から選び，解答欄のその番号にマークしてください．

（メモは自由にとってかまいません）（配点 10）

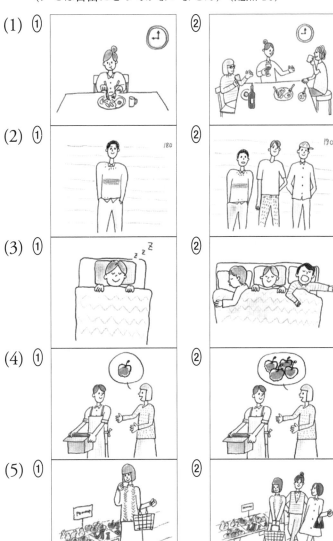

1

解答 番号	解 答 欄
(1)	① ②
(2)	① ②
(3)	① ②
(4)	① ②
(5)	① ②

054

1

(1) ① (2) ① (3) ② (4) ② (5) ①

録音されている文章

(1) Où allez-vous ?　　　　　　　　「どこに行くのですか.」

　　① Je vais à Paris.　　　　　　　「私はパリに行きます.」

(2) Qui est-ce ?　　　　　　　　　　「それは誰ですか.」

　　① C'est Jean.　　　　　　　　　「ジャンです.」

(3) Tu as quel âge ?　　　　　　　　「君は何歳なの.」

　　② J'ai 6 ans.　　　　　　　　　「6歳です.」

(4) Tu es français ?　　　　　　　　「君はフランス人ですか.」

　　② Non, je suis allemand.　　　　「いいえ, 私はドイツ人です.」

(5) Quand est-ce que tu reviens ?　　「いつ帰ってくるの.」

　　① Lundi.　　　　　　　　　　　「月曜日」

2
055

(1) 16　　(2) 12　　(3) 9　　(4) 5　　(5) 4

録音されている文章

(1) Mon frère a 16 ans.　　　　　　私の弟は 16 歳です.

(2) Ça coûte 12 euros.　　　　　　それは 12 ユーロします.

(3) Nous sommes le 9 mai.　　　　今日は 5 月 9 日です.

(4) Attendez 5 minutes.　　　　　5 分待ってください.

(5) J'habite 4 rue des Lices.　　　私はリス通り 4 番地に住んでいます.

3
56

(1) ③　　(2) ②　　(3) ⑤　　(4) ①　　(5) ④

録音されている文章

(1) Je prends ce bus.　　　　　　　私はこのバスに乗ります.
(2) Qu'est-ce que tu achètes ?　　何を買うの.
(3) Bon anniversaire !　　　　　　お誕生日おめでとう.
(4) Tu marches vite !　　　　　　あなたは早く歩きますね.
(5) Une table pour deux ?　　　　二人用のテーブルですか.

4
057

(1) ②　　(2) ①　　(3) ②　　(4) ②　　(5) ①

録音されている文章

(1) Elles habitent ensemble.　　　彼女たちは一緒に住んでいます.
(2) Il est grand.　　　　　　　　彼は背がたかいです.
(3) Ils dorment.　　　　　　　　彼らは寝ています.
(4) Il y a des pommes ?　　　　　リンゴはありますか.
(5) Qu'est-ce qu'elle prend ?　　彼女は何を買いますか.

🎧 **058**

1 ・フランス語の文 (1) 〜 (5) を，それぞれ 3 回ずつ聞いてください．
・(1) 〜 (5) の文に対する応答として適切なものを，それぞれ ①，②
から選び，解答欄のその番号にマークしてください．

（メモは自由にとってかまいません）（配点 10）

(1) ① Une heure.

② Sept ans.

(2) ① Un café.

② Avec plaisir.

(3) ① C'est mon stylo.

② C'est ma tante.

(4) ① Si, il fait du judo.

② Oui, beaucoup.

(5) ① À Paris.

② À pied.

1	解答番号	解 答 欄
	(1)	① ②
	(2)	① ②
	(3)	① ②
	(4)	① ②
	(5)	① ②

059

2 ・フランス語の文 (1) ～ (5) を，それぞれ３回ずつ聞いてください．
・どの文にもかならず数字が含まれています．例にならって，その
数字を解答欄にマークしてください．

（メモは自由にとってかまいません）（配点 10）

（例）
・「7」と解答したい場合には，

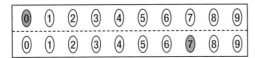

⓪ ① ② ③ ④ ⑤ ⑥ ⑦ ⑧ ⑨
⓪ ① ② ③ ④ ⑤ ⑥ ⑦ ⑧ ⑨　　　とマークしてください．

・「15」と解答したい場合には，

⓪ ① ② ③ ④ ⑤ ⑥ ⑦ ⑧ ⑨
⓪ ① ② ③ ④ ⑤ ⑥ ⑦ ⑧ ⑨　　　とマークしてください．

2	解答番号	解 答 欄									
	(1)	⓪	①	②	③	④	⑤	⑥	⑦	⑧	⑨
		⓪	①	②	③	④	⑤	⑥	⑦	⑧	⑨
	(2)	⓪	①	②	③	④	⑤	⑥	⑦	⑧	⑨
		⓪	①	②	③	④	⑤	⑥	⑦	⑧	⑨
	(3)	⓪	①	②	③	④	⑤	⑥	⑦	⑧	⑨
		⓪	①	②	③	④	⑤	⑥	⑦	⑧	⑨
	(4)	⓪	①	②	③	④	⑤	⑥	⑦	⑧	⑨
		⓪	①	②	③	④	⑤	⑥	⑦	⑧	⑨
	(5)	⓪	①	②	③	④	⑤	⑥	⑦	⑧	⑨
		⓪	①	②	③	④	⑤	⑥	⑦	⑧	⑨

🎧 **3** ・フランス語の文 (1) 〜 (5) を，それぞれ 3 回ずつ聞いてください．
060
・それぞれの文に最もふさわしい絵を，下の ①〜⑤ のなかから 1 つ
ずつ選び，解答欄のその番号にマークしてください．

（メモは自由にとってかまいません）（配点 10）

①

②

③

④

⑤

3	解答番号	解 答 欄				
	(1)	①	②	③	④	⑤
	(2)	①	②	③	④	⑤
	(3)	①	②	③	④	⑤
	(4)	①	②	③	④	⑤
	(5)	①	②	③	④	⑤

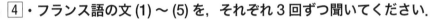

4
61

・フランス語の文 (1) 〜 (5) を，それぞれ 3 回ずつ聞いてください．

・(1) 〜 (5) の文に最もふさわしい絵を，それぞれ ①，② から選び，解答欄のその番号にマークしてください．

（メモは自由にとってかまいません）（配点 10）

1

解答番号	解答欄	
(1)	①	②
(2)	①	②
(3)	①	②
(4)	①	②
(5)	①	②

1

(1) ②　　　(2) ①　　　(3) ②　　　(4) ①　　　(5) ①

録音されている文章

(1) Tu as quel âge ?　　　　　　　　「君は何歳なの.」

　②　Sept ans.　　　　　　　　　　「7 歳.」

(2) Qu'est-ce que tu prends ?　　　　「君は何にする.」

　①　Un café.　　　　　　　　　　　「コーヒー.」

(3) Qui est-ce ?　　　　　　　　　　「あれは誰ですか.」

　②　C'est ma tante.　　　　　　　　「私の叔母です.」

(4) Il ne fait pas de sport ?　　　　　「彼はスポーツはしてないの?」

　①　Si, il fait du judo.　　　　　　「いいえ, 柔道をしてます.」

(5) Où allez-vous ?　　　　　　　　　「どこに行きますか.」

　①　À Paris.　　　　　　　　　　　「パリに.」

2

(1) 15　　　(2) 6　　　(3) 9　　　(4) 18　　　(5) 2

録音されている文章

(1) Ça fait 15 euros.　　　　　　　　15 ユーロになります.

(2) Je pars à 6 heures.　　　　　　　私は 6 時に出かけます.

(3) Prenez le bus 9.　　　　　　　　9 番のバスに乗ってください.

(4) Où est la salle 18 ?　　　　　　　18 番の部屋はどこですか.

(5) 2 pains au chocolat, s'il vous plaît.

　　　　　　　　　　　　　　　　パン・オ・ショコラを 2 つください.

60

3

(1) ③ (2) ① (3) ⑤ (4) ④ (5) ②

録音されている文章

(1) Allô, c'est Marie. もしもし、マリです.
(2) Bon appétit. どうぞめしあがれ.
(3) Qu'il fait froid ! なんて寒いのでしょう.
(4) Au revoir, à demain. さようなら. また明日.
(5) C'est intéressant ! これは面白いです.

061

4

(1) ② (2) ① (3) ② (4) ① (5) ①

録音されている文章

(1) Elle choisit une jupe. 彼女はスカートを一枚選んでいます.
(2) Voilà mes enfants. 私の子供たちです.
(3) Ils sortent du restaurant. 彼らはレストランから出ます.
(4) Ils sont contents. 彼らは嬉しいです.
(5) Il y a un livre sur la table. テーブルの上に本が一冊あります.

Parlez plus fort !

Lis !

Bonne nuit !

Merci !

Bon anniversaire !

第7章 覚えたい表現と動詞の活用のまとめ

覚えたい表現のまとめ

覚えたら □ にチェックを入れてください.

1 よく使われる応答表現 10

062

□	①	D'accord.	いいです.
□	②	Entendu.	わかりました.
□	③	Avec plaisir.	よろこんで.
□	④	Mais oui.	もちろん.
□	⑤	Tu as raison.	そうね.
□	⑥	Tu as tort.	間違っているよ.
□	⑦	C'est dommage.	残念.
□	⑧	Ça ne fait rien.	かまいませんよ.
□	⑨	Pas du tout.	全然.
□	⑩	Peut-être.	多分.

2 挨拶の表現 10

063

□	①	À bientôt !	近いうちに.
□	②	À ce soir !	また今晩.
□	③	À demain !	また明日.
□	④	À tout à l'heure !	また後ほど.
□	⑤	Au revoir !	さようなら.

□	⑥	Salut !	やあ.
□	⑦	Merci !	ありがとう.
□	⑧	Je vous en prie.	どういたしまして.
□	⑨	Enchanté(e) !	初めまして.
□	⑩	À votre santé !	乾杯.

3 bon (bonne) で始まる表現 10

64

□	①	Bonne année !	新年おめでとう.
□	②	Bon anniversaire !	お誕生日おめでとう.
□	③	Bon appétit !	どうぞめしあがれ.
□	④	Bonne chance !	幸運を祈ります.
□	⑤	Bon courage !	がんばって.
□	⑥	Bon dimanche !	よい日曜日を.
□	⑦	Bonne journée !	よい一日を.
□	⑧	Bonne nuit !	お休みなさい.
□	⑨	Bonnes vacances !	よい休暇を.
□	⑩	Bon voyage !	よい旅行を.

4 よく使われる命令文 15

🎧 065

☐ ① Regardez.　　　　　見てください.

☐ ② Écoutez.　　　　　聞いてください.

☐ ③ Écrivez.　　　　　書いてください.

☐ ④ Lisez.　　　　　　読んでください.

☐ ⑤ Répétez.　　　　　繰り返してください.

☐ ⑥ Choisissez.　　　　選んでください.

☐ ⑦ Attendez.　　　　　待ってください.

☐ ⑧ Entrez.　　　　　入ってください.

☐ ⑨ Asseyez-vous.　　　座ってください.

☐ ⑩ Viens vite.　　　　早くいらっしゃい.

☐ ⑪ Mettez votre nom.　名前を書いてください.

☐ ⑫ Parlez plus fort.　　もっと大きい声で話してください.

☐ ⑬ Levez la main.　　　手をあげてください.

☐ ⑭ Excusez-moi.　　　すみません.

☐ ⑮ Dépêchez-vous.　　急いでください.

覚えたい動詞と活用

5　規則動詞

a)　-er 動詞の活用

──── **parler** 話す ────

je	parle	nous	parlons
tu	parles	vous	parlez
il	parle	ils	parlent
elle	parle	elles	parlent

覚えたい -er 動詞の意味

アルファベット順に並べてありますので，覚えた動詞をチェックしていきましょう.

- □ ① acheter　　　　買う
- □ ② aider　　　　　手伝う
- □ ③ aimer　　　　　好む，愛する
- □ ④ appeler　　　　呼ぶ
- □ ⑤ arriver　　　　到着する
- □ ⑥ chercher　　　探す
- □ ⑦ commencer　　始める
- □ ⑧ compter　　　数える
- □ ⑨ déjeuner　　　昼食を取る
- □ ⑩ demander　　　たずねる
- □ ⑪ dîner　　　　　夕食を取る
- □ ⑫ donner　　　　与える
- □ ⑬ écouter　　　　聞く

☐	⑭	entrer	入る
☐	⑮	envoyer	送る
☐	⑯	essayer	試みる
☐	⑰	fermer	閉じる
☐	⑱	habiter	住む
☐	⑲	inviter	招待する
☐	⑳	lever	起こす
☐	㉑	manger	食べる
☐	㉒	monter	上がる，登る
☐	㉓	neiger	雪が降る
☐	㉔	oublier	忘れる
☐	㉕	parler	話す
☐	㉖	passer	通り過ぎる
☐	㉗	payer	払う
☐	㉘	penser	考える
☐	㉙	porter	身につけている
☐	㉚	préparer	用意する
☐	㉛	présenter	紹介する
☐	㉜	regarder	見る
☐	㉝	rencontrer	出会う
☐	㉞	rentrer	帰る
☐	㉟	téléphoner	電話する
☐	㊱	tomber	落ちる，転ぶ
☐	㊲	visiter	訪れる

b) -ir 動詞の活用

068

> ─── **finir** 終える ───
>
> | je | fini*s* | nous | fini*ssons* |
> |---|---|---|---|
> | tu | fini*s* | vous | fini*ssez* |
> | il | fini*t* | ils | fini*ssent* |
> | elle | fini*t* | elles | fini*ssent* |

覚えたい -ir 動詞の意味

069

☐	①	choisir	選ぶ
☐	②	finir	終える
☐	③	obéir	従う
☐	④	réussir	成功する

6 代名動詞

代名詞を伴って活用する動詞です.

070

> ─── **s'appeler** 〜という名前です ───
>
> | je | m' appelle | nous | nous | appelons |
> |---|---|---|---|---|
> | tu | t' appelles | vous | vous | appelez |
> | il | s' appelle | ils | s' | appellent |
> | elle | s' appelle | elles | s' | appellent |

071

> ─── **se lever** 起きる ───
>
> | je | me lève | nous | nous | levons |
> |---|---|---|---|---|
> | tu | te lèves | vous | vous | levez |
> | il | se lève | ils | se | lèvent |
> | elle | se lève | elles | se | lèvent |

覚えたい代名動詞の意味

☐	①	se brosser les dents	歯をみがく
☐	②	se coucher	床につく
☐	③	s'habiller	洋服を着る
☐	④	se lever	起きる
☐	⑤	se reposer	休養をとる
☐	⑥	se réveiller	目をさます
☐	⑦	se promener	散歩する
☐	⑧	se téléphoner	電話しあう

7 不規則動詞 20

不規則動詞は動詞の活用と共に覚えましょう．３人称単数・複数の音に特に注意しましょう．

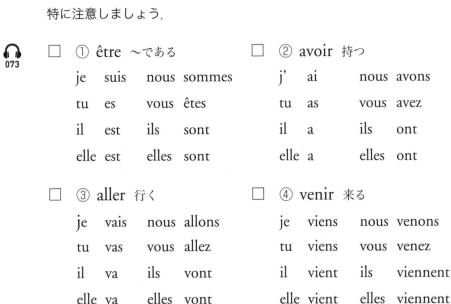

☐ ① être 〜である

je	suis	nous	sommes
tu	es	vous	êtes
il	est	ils	sont
elle	est	elles	sont

☐ ② avoir 持つ

j'	ai	nous	avons
tu	as	vous	avez
il	a	ils	ont
elle	a	elles	ont

☐ ③ aller 行く

je	vais	nous	allons
tu	vas	vous	allez
il	va	ils	vont
elle	va	elles	vont

☐ ④ venir 来る

je	viens	nous	venons
tu	viens	vous	venez
il	vient	ils	viennent
elle	vient	elles	viennent

⑤ faire する

je	fais	nous	faisons
tu	fais	vous	faites
il	fait	ils	font
elle	fait	elles	font

⑥ prendre 取る，乗る

je	prends	nous	prenons
tu	prends	vous	prenez
il	prend	ils	prennent
elle	prend	elles	prennent

⑦ attendre 待つ

j'	attends	nous	attendons
tu	attends	vous	attendez
il	attend	ils	attendent
elle	attend	elles	attendent

⑧ boire 飲む

je	bois	nous	buvons
tu	bois	vous	buvez
il	boit	ils	boivent
elle	boit	elles	boivent

⑨ connaître 知る

je	connais	nous	connaissons
tu	connais	vous	connaissez
il	connaît	ils	connaissent
elle	connaît	elles	connaissent

⑩ devoir ～しなければならない

je	dois	nous	devons
tu	dois	vous	devez
il	doit	ils	doivent
elle	doit	elles	doivent

⑪ dire 言う

je	dis	nous	disons
tu	dis	vous	dites
il	dit	ils	disent
elle	dit	elles	disent

⑫ écrire 書く

j'	écris	nous	écrivons
tu	écris	vous	écrivez
il	écrit	ils	écrivent
elle	écrit	elles	écrivent

074

075

□ ⑬ lire 読む

je	lis	nous	lisons
tu	lis	vous	lisez
il	lit	ils	lisent
elle	lit	elles	lisent

□ ⑭ mettre 着る

je	mets	nous	mettons
tu	mets	vous	mettez
il	met	ils	mettent
elle	met	elles	mettent

□ ⑮ offrir 与える

j'	offre	nous	offrons
tu	offres	vous	offrez
il	offre	ils	offrent
elle	offre	elles	offrent

□ ⑯ pouvoir できる

je	peux	nous	pouvons
tu	peux	vous	pouvez
il	peut	ils	peuvent
elle	peut	elles	peuvent

□ ⑰ rendre 返す

je	rends	nous	rendons
tu	rends	vous	rendez
il	rend	ils	rendent
elle	rend	elles	rendent

□ ⑱ savoir 知る

je	sais	nous	savons
tu	sais	vous	savez
il	sait	ils	savent
elle	sait	elles	savent

□ ⑲ tenir 取る

je	tiens	nous	tenons
tu	tiens	vous	tenez
il	tient	ils	tiennent
elle	tient	elles	tiennent

□ ⑳ vouloir 望む

je	veux	nous	voulons
tu	veux	vous	voulez
il	veut	ils	veulent
elle	veut	elles	veulent

第 2 部
4 級 仏検対策

仏検4級の聞き取り試験は次のような4問からなります.
聞き取り問題の配点は100点中34点です.

1) フランス語の文に最もふさわしい絵を選ぶ問題（8点）
2) フランス語の質問を聞いて，その質問に対する応答として適当な文を選ぶ問題（8点）
3) 文章に含まれている数字を聞き取る問題（20 ～ 100）（8点）
4) 会話文を聞いて，その内容を聞き取る問題（10点）

　この練習帳の4級レベルは，上記の仏検の問題の順番に力をつけていくように作成されています．この順番に練習されることをお勧めしますが，目次を参考に，どの項目から始められてもいいです．各項目の最後に練習問題をつけています.

　また最後にまとめとして，**◎音のつながりの規則，◎数詞・数の表し方，◎日常会話でよく使われる表現，◎よく使われる疑問の表現**を入れていますので，活用してください.

第 8 章

絵に合う文の聞き取り練習

　フランス語の文章に合う絵を選ぶ問題では，日常的な表現の聞き取りもあれば，場面に応じた表現の聞き取り，また基本語彙や基本動詞を聞き取る問題もあります．

　この練習帳では，以下の4項目でチェックをしながら，力をつけていきます．最後に練習問題があります．

1　日常的な表現の聞き取り

2　基本語彙の聞き取り

3　基本動詞の聞き取り

4　場面に応じた表現の聞き取り

5　聞き取り練習問題

絵をよく見よう

🎧 絵を見ながら，フランス語を聞いて，繰り返してみましょう．
078 何と言っているのか想像してみてください．

（文章と説明は 108 ページにありますが，それを見ないで，まず絵を見ながら，音声を
何度でも聞いて，覚えるまで繰り返しましょう．）

①

②

③

④

⑤

⑥

⑦

⑧

⑨

⑩

繰り返そう

🎧 078 前ページの絵を思い出しながら，繰り返しましょう．

①	À votre santé !	乾杯．
②	Bon courage !	がんばって．
③	Bonne soirée !	よい夕べを．
④	Tant pis !	仕方がない．
⑤	Vous avez l'heure, Monsieur ?	今，何時ですか．
⑥	J'ai mal aux dents.	歯が痛いです．
⑦	Asseyez-vous !	お座りください．
⑧	Je suis fatigué(e).	私は疲れています．
⑨	Bonne année !	新年おめでとう．
⑩	Servez-vous !	どうぞお取りください．

上の文章は全部，聞き取れましたか．

覚えよう

🎧 079 下記の挨拶の表現も覚えましょう．

①	Mes félicitations !	おめでとう．
②	Bonne fête !	（名前の日）おめでとう．
③	Bonne chance !	幸運を祈っています．
④	À tout à l'heure !	また，後でね．
⑤	Tant mieux !	それは，よかったですね．

基本語彙の聞き取り練習

絵をよく見よう

絵を見ながら，フランス語を聞いて，繰り返してみましょう．
何と言っているのか想像してみてください．

（文章と説明は 110 ページにありますが，それを見ないで，まず絵を見ながら，音声を何度でも聞いて，覚えるまで繰り返しましょう．）
仏検 4 級の問題は以下のように絵は 6 枚で，文章は 4 つです．

①

②

③

④

⑤

⑥

前ページの絵を思い出しながら，繰り返しましょう．
080

①	Il fait beau, aujourd'hui.	今日は天気がいいですね．
②	Cette robe coûte cher !	このドレスは高いですね．
③	Ce gâteau a l'air délicieux.	このケーキはおいしそうですね．
④	Il porte des lunettes.	彼は眼鏡をかけています．
⑤	Elle a mal au pied.	彼女は足が痛いです．
⑥	Ils ont l'air content.	彼らは嬉しそうです．

全部，間違いなく聞き取れましたか．

覚えよう

絵にしやすい覚えておきたい語彙と表現を以下にまとめていますので，
チェックしましょう．
日本語の後に名詞の性を（男）（女）で示しています．

服装の語彙 10
081

☐	①	blouson	ジャケット（男）
☐	②	bonnet	縁なし帽子（男）
☐	③	ceinture	ベルト（女）
☐	④	chaussettes	靴下（女・複）
☐	⑤	chaussures	靴（女・複）
☐	⑥	gants	手袋（男・複）
☐	⑦	imperméable	レインコート（男）
☐	⑧	manteau	コート（男）
☐	⑨	pull	セーター（男）
☐	⑩	veste	上着（女）

住まいと家具の語彙 10

☐	①	bureau	勉強部屋（男）
☐	②	chaise	椅子（女）
☐	③	couloir	廊下（男）
☐	④	escalier	階段（男）
☐	⑤	fauteuil	肘掛け椅子（男）
☐	⑥	fenêtre	窓（女）
☐	⑦	garage	ガレージ（男）
☐	⑧	mur	壁（男）
☐	⑨	porte	ドア（女）
☐	⑩	salon	居間（男）

天候に関する表現 10

☐	①	Il pleut.	雨が降る.
☐	②	Il neige.	雪が降る.
☐	③	Il gèle.	凍てついている.
☐	④	Il fait beau (mauvais).	天気が良い（悪い）.
☐	⑤	Il y a du tonnerre.	雷がなる.
☐	⑥	Il y a du soleil.	日が照っている.
☐	⑦	Il y a du brouillard.	霧がある.
☐	⑧	Il y a du vent.	風がある.
☐	⑨	Il y a de l'orage.	雷雨です.
☐	⑩	Il y a des éclaircies.	晴れ間がある.

体の各部の名称

🎧 身体の調子を表す表現 10
084

☐	①	J'ai mal au ventre.	私はお腹が痛い.
☐	②	J'ai de la fièvre.	私は熱があります.
☐	③	J'ai sommeil.	私は眠い.
☐	④	J'ai soif.	私はのどが渇いている.
☐	⑤	J'ai pris froid.	私は風邪を引いた.
☐	⑥	Je suis enrhumé(e).	私は風邪を引いている.
☐	⑦	Je me sens mal.	私は具合がわるい.
☐	⑧	Je tousse.	私は咳が出ます.
☐	⑨	Je suis malade.	私は病気です.
☐	⑩	Je suis en forme.	私は元気です.

● 基本動詞の聞き取り練習

・・・

絵をよく見よう

絵を見ながら，フランス語を聞いて，繰り返してみましょう．
何と言っているのか想像してみてください．

（文章と説明は 114 ページにありますが，それを見ないで，まず絵を見ながら，音声を
何度でも聞いて，覚えるまで繰り返しましょう．）

① 　② 　③

④ 　⑤ 　⑥

🎧 前ページの絵を思い出しながら, 繰り返しましょう.
085

①	Il conduit sa voiture.	彼は車を運転する.
②	Il écrit une lettre.	彼は手紙を書いている.
③	Il lit un journal.	彼は新聞を読んでいる.
④	Elle dort dans son lit.	彼女はベッドで眠っている.
⑤	Elle se couche tard.	彼女は遅く寝る.
⑥	Elle s'habille.	彼女は洋服を着る.

覚えよう

基本動詞 20 のチェック

🎧 日常生活で用いられ, 絵で表しやすい, 4級レベルの動詞を 20 選びました.
086 音声で聞いて, 意味が理解できるかチェックしてください.

☐ ① attendre	待つ	☐ ⑪ laisser	残しておく
☐ ② apporter	持って行く	☐ ⑫ marcher	歩く
☐ ③ boire	飲む	☐ ⑬ nager	泳ぐ
☐ ④ changer	変える	☐ ⑭ offrir	与える
☐ ⑤ dessiner	絵を描く	☐ ⑮ oublier	忘れる
☐ ⑥ se dépêcher	急ぐ	☐ ⑯ ouvrir	開ける
☐ ⑦ descendre	降りる	☐ ⑰ pleurer	泣く
☐ ⑧ entendre	聞える	☐ ⑱ prêter	貸す
☐ ⑨ garder	取っておく	☐ ⑲ ranger	片付ける
☐ ⑩ jouer	遊ぶ	☐ ⑳ remplir	満たす, 記入する

場面に応じた表現の聞き取り練習

絵をよく見よう

絵を見ながら，フランス語を聞いて，繰り返してみましょう.
何と言っているのか想像してみてください.

（文章と説明は 116 ページにありますが，それを見ないで，まず絵を見ながら，音声を何度でも聞いて，覚えるまで繰り返しましょう.）

①

②

③

④

⑤

⑥

繰り返そう

🎧 前ページの絵を思い出しながら，繰り返しましょう.
087

① Puis-je essayer cette jupe ?　このスカートを試着していいですか.

② Vous prenez un café ?　コーヒーを飲まれますか.

③ Vous avez une chambre pour ce soir ?

　今晩一部屋空いていますか.

④ Qu'est-ce que vous avez ?　どうしたのですか.

⑤ Allons au cinéma.　映画館に行きましょう.

⑥ Ne quittez pas.　お待ちください.（電話で）

覚えよう

場所の名詞 15

🎧
088

☐ ① banque　　　　銀行（女）　　　☐ ⑪ piscine　　　　プール（女）

☐ ② boucherie　　肉屋（女）　　　☐ ⑫ poste　　　　　郵便局（女）

☐ ③ boulangerie パン屋（女）　　☐ ⑬ supermarché スーパー（男）

☐ ④ épicerie　　　食料品屋（女）　☐ ⑭ théâtre　　　　劇場（男）

☐ ⑤ cinéma　　　　映画館（男）　　☐ ⑮ village　　　　村（男）

☐ ⑥ gare　　　　　駅（女）

☐ ⑦ lycée　　　　　高校（男）

☐ ⑧ mairie　　　　市役所（女）

☐ ⑨ musée　　　　美術館（男）

☐ ⑩ parc　　　　　公園（男）

聞き取り練習問題

1　フランス語の文 (1) 〜 (4) を，それぞれ 3 回ずつ聞いてください.
それぞれの文に最もふさわしい絵を，下の ① から ⑥ のなかから一つ
ずつ選び，下の解答欄に番号で答えてください. ただし，同じものを
複数回用いることはできません. [▶解答 p.118]
（メモは自由にとってかまいません）

①

②

③

④

⑤

⑥

解答欄　(1) (　　)　　　(2) (　　)　　　(3) (　　)　　　(4) (　　)

1

(1) ①　　　　(2) ③　　　　(3) ⑤　　　　(4) ⑥

全部できましたか. 聞き取りの力をつけるには何度でも聞くことが大切です.

🎧 録音されているフランス語文と日本語訳
089

(1) Elle envoie un paquet à un ami.
彼女は友人に小包を送る.

(2) Ils se promènent dans le jardin.
彼らは庭を散歩している.

(3) Les enfants jouent dans la cour.
子供たちは中庭で遊んでいる.

(4) Ils font la queue.
彼らは行列をしている.

問題 1 を納得がいくまで練習してから問題 2 に進んでください.

2 　フランス語の文 (1) 〜 (4) を，それぞれ 3 回ずつ聞いてください．
それぞれの文に最もふさわしい絵を，下の ① から ⑥ のなかから一つ
ずつ選び，下の解答欄に番号で答えてください．ただし，同じものを
複数回用いることはできません． [▶解答 p.120]
（メモは自由にとってかまいません）

① 　　　　　　　　　② 　　　　　　　　　③

④ 　　　　　　　　　⑤ 　　　　　　　　　⑥

解答欄 (1) (　　) 　　 (2) (　　) 　　 (3) (　　) 　　 (4) (　　)

2

(1) ③　　　　(2) ④　　　　(3) ②　　　　(4) ⑤

🎧 **録音されているフランス語文と日本語訳**
090

(1) Ils jouent au tennis.
彼らはテニスをしている.

(2) Ils font la cuisine.
彼らは料理をしている.

(3) Il a mal au bras.
彼は腕が痛い.

(4) Elle achète une paire de chaussures.
彼女は靴を一足買う.

3 フランス語の文 (1) ～ (4) を，それぞれ 3 回ずつ聞いてください．
それぞれの文に最もふさわしい絵を，下の ① から ⑥ のなかから一つ
ずつ選び，下の解答欄に番号で答えてください．ただし，同じものを
複数回用いることはできません．[▶解答 p.122]

（メモは自由にとってかまいません）

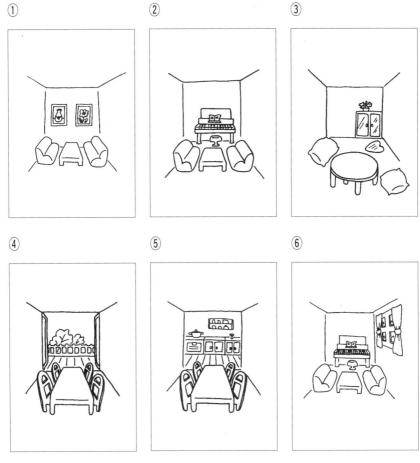

① ② ③

④ ⑤ ⑥

解答欄　(1) (　　)　　　(2) (　　)　　　(3) (　　)　　　(4) (　　)

....

3

(1) ①   (2) ③   (3) ⑤   (4) ⑥

 録音されているフランス語文と日本語訳
091

(1) Sur le mur, il y a deux tableaux.
壁に絵が2枚飾ってあります.

(2) Au milieu de la pièce, il y a une table ronde.
部屋の真ん中に丸いテーブルがあります.

(3) C'est la salle à manger. À côté, il y a la cuisine.
これは食堂です. 側に台所があります.

(4) Le piano est près de la fenêtre.
ピアノは窓の側にあります.

.... ⟨ cf. 場所の前置詞・副詞については 177 ページ参照 ⟩ ....

解説

092
＊聞き取りにくいのは sur と sous でしょう. 次の文章をよく聞いてみましょう.
— Le journal est sur la table.
— Le journal est sous la table.
＊ dans, entre, devant, en face は [ɑ̃] の音を含みます. [ɑ̃] の音に慣れましょう.
— Il y a un grand piano dans le salon.
— Il y a un banc devant le tableau.

4 フランス語の文 (1) 〜 (4) を，それぞれ 3 回ずつ聞いてください．
それぞれの文に最もふさわしい絵を，下の ① から ⑥ のなかから一つ
ずつ選び，下の解答欄に番号で答えてください．ただし，同じものを
複数回用いることはできません． [▶解答 p.124]

（メモは自由にとってかまいません）

① ② ③

④ ⑤ ⑥

解答欄 (1) (　　) (2) (　　) (3) (　　) (4) (　　)

4

(1) ①　　　　(2) ⑤　　　　(3) ③　　　　(4) ⑥

🎧 **録音されているフランス語文と日本語訳**
093

(1) La carte, s'il vous plaît.
メニューをお願いします．

(2) Elle fait des crêpes avec sa mère.
彼女はお母さんとクレープを作ります．

(3) La clef, s'il vous plaît. Chambre 65.
鍵をお願いします．65 号室です．

(4) Je voudrais changer des yens en euros.
円をユーロに両替したいのですが．

応答文に慣れる練習

1 疑問詞のない疑問文

2 疑問詞のある疑問文

3 聞き取り練習問題

音で覚えよう

下の例を何度でも聞いて繰り返し覚えましょう.

094

① Elle est fatiguée ?　　　　　　　彼女は疲れていますか.
　— Oui, elle est fatiguée.　　　— はい, 彼女は疲れています.
　— Non, elle n'est pas fatiguée.
　　　　　　　　　　　　　　　— いいえ, 彼女は疲れていません.
　— Non, elle est en forme.　　— いいえ, 彼女は元気です.

② On prend un taxi ?　　　　　　　タクシーに乗りますか.
　— Oui, on prend un taxi.　　　— はい, タクシーに乗ります.
　— Non, on y va à pied.　　　　— いいえ, 歩いて行きます.
　— Non, on prend le métro.　— いいえ, 地下鉄で行きます.

③ Vous mangez du fromage ?　　あなたはチーズを食べますか.
　— Oui, j'adore le fromage.　— はい, 私はチーズが大好きです.
　— Non, je ne mange pas de fromage.
　　　　　　　　　　　　　　　— いいえ, チーズは食べません.
　— Non, je déteste le fromage.
　　　　　　　　　　　　　　　— いいえ, チーズは大嫌いです.

④ Vous ne prenez pas de vacances ?
　　　　　　　　　　　　　　　休暇はとらないのですか.
　— Non, je ne prends pas de vacances.
　　　　　　　　　　　　　　　— はい, 休暇はとりません.
　— Si, je prends mes vacances en juillet.
　　　　　　　　　　　　　　　— いいえ, 7月に休暇をとります.

2　疑問詞のある疑問文とそれに対する答え方

疑問詞を正確に聞き取ることが大切です．音声を何度でも聞いて繰り返し，覚えましょう．

95

① Quand partez-vous ?　　　　　　いつ出かけますか．
　　— Demain soir.　　　　　　　　— 明日の晩です．
　　— Dans une semaine.　　　　　　— 1 週間後に．

② Où habitez-vous ?　　　　　　　どこに住んでいますか．
　　— Tout près d'ici.　　　　　　　— このすぐ近くに．
　　— J'habite à Paris.　　　　　　　— 私はパリに住んでいます．

③ Quel temps fait-il ?　　　　　　どんな天気ですか．
　　— Il fait mauvais.　　　　　　　— 天気は悪いです．
　　— Il fait très froid.　　　　　　— とても寒いです．
　　— Il neige.　　　　　　　　　　— 雪が降っています．

④ Je vous dois combien ?　　　　　おいくらですか．
　　— 10 euros.　　　　　　　　　— 10 ユーロです．
　　— C'est gratuit.　　　　　　　　— 無料です．
　　— Rien du tout.　　　　　　　　— 何もいりません．

⑤ Comment trouvez-vous ce tableau ?
　　　　　　　　　　　　　　　　この絵をどう思いますか．
　　— Il est beau.　　　　　　　　　— きれいですね．
　　— J'aime beaucoup.　　　　　　— 私は大好きです．
　　— Il ne me plaît pas.　　　　　　— 私には気に入りません．

⑥ De quelle couleur est ton manteau ?

　　　　　　　　　　　　　君のコートは何色ですか.

　— Il est rouge.　　　　　　— 赤です.

⑦ Comment vas-tu à l'école ?　どうやって学校に行くの.

　— J'y vais à pied.　　　　　— 歩いて行きます.

⑧ Ton père est né en quelle année ?

　　　　　　　　　　　　　君のお父さんは何年の生まれですか.

　— Il est né en 1971.　　　　— 1971 年に生まれました.

⑨ Depuis quand êtes-vous au Japon ?

　　　　　　　　　　　　　いつから日本にいますか.

　— Depuis 15 ans.　　　　　— 15 年前からです.

⑩ Cette valise pèse combien ?

　　　　　　　　　　　　　このスーツケースはどれぐらいの重さですか.

　— Elle pèse 38 kilos.　　　　— 38 キロあります.

＊よく使われる疑問の表現は 178 ～ 183 ページにまとめてありますので, 音声
　を聞いて, チェックしましょう.

⌐
96

5 フランス語の文 (1) 〜 (4) を，それぞれ 3 回ずつ聞いてください．
(1) 〜 (4) の質問に対する応答として適切なものを，それぞれ ①，② から選び，解答欄に番号を書いて下さい． [▶解答 p.130]

(1) ① Non, je suis libre ce soir.

② Si, je suis libre ce soir.

(2) ① Je suis allé au cinéma.

② Oui, j'y vais souvent.

(3) ① Non, je n'ai pas de voiture.

② Non, j'ai une voiture.

(4) ① Je vais boire du vin.

② Non, je n'en bois pas.

解答欄　(1) (　　) 　　(2) (　　) 　　(3) (　　) 　　(4) (　　)

5

(1) ②　　　　(2) ②　　　　(3) ①　　　　(4) ②

　＊疑問詞で始まらない疑問文に対する答えは oui か non か si です.
　＊疑問詞で始まる文と聞き分けましょう.

🎧 **録音されているフランス語文と日本語訳**
096

(1) Tu n'es pas libre ce soir ?
　　今晩ひまではないですか.

(2) Vous allez souvent au cinéma ?
　　あなたはよく映画に行きますか.

(3) Vous avez une voiture ?
　　あなたは車を持っていますか.

(4) Est-ce que vous buvez du vin ?
　　あなたはワインを飲みますか.

....

解説

(1) 否定文で尋ねられて，肯定文で答えるときは Si です.

(2) ② の［はい，よく行きます］が正解です.

(3) ① の［車を持っていません］が正解です.

(4) Est-ce que で始まる疑問文は必ず oui, non または si で答えることが必要です.

フランス語の文 (1) 〜 (4) を，それぞれ 3 回ずつ聞いてください.
(1) 〜 (4) の質問に対する応答として適切なものを，それぞれ ①，② から選び，解答欄に番号を書いて下さい． [▶解答 p.132]

(1) ① Si, toujours.

② Oui, à Paris.

(2) ① Oui, demain.

② Depuis hier.

(3) ① Ils sont à Nice.

② Ils vont très bien.

(4) ① Je pars avec mon ami.

② À 6 heures du matin.

第2部 4級 仏検対策

第9章 応答文に慣れる練習

解答欄 (1) ( )　　(2) ( )　　(3) ( )　　(4) ( )

6

(1) ①　　　　(2) ②　　　　(3) ①　　　　(4) ②

🎧
097
録音されているフランス語文と日本語訳

(1) Tu n'habites plus à Londres ?
　　もうロンドンには住んでいないのですか.

(2) Tu es enrhumé depuis quand ?
　　いつから風邪を引いているのですか.

(3) Où sont vos parents ?
　　あなたの両親はどこにいますか.

(4) À quelle heure partez-vous ?
　　何時に出発しますか.

解説

(1) ne...plus[もう〜ではない]という意味の否定疑問文でたずねられています.
　　肯定で答える時は Si ですので, 答えは ① です.

(2) depuis quand[いつから]と聞いていますので, 答えは ② の[昨日から]です.

(3) Où [どこに] を聞いていますから, 答えは ① の [ニースに住んでいます]
　　です.

(4) À quelle heure[何時に]を聞いていますから,答えは ② の[朝 6 時に]です.

＊疑問詞で始まる文章は疑問詞の意味をすぐ理解することが大切です.
　よく使われる疑問の表現は 178 〜 183 ページにまとめてありますので, よく聞い
　て練習しましょう.

7 フランス語の文 (1) 〜 (4) を，それぞれ 3 回ずつ聞いてください．
(1) 〜 (4) の質問に対する応答として適切なものを，それぞれ ①，② から選び，解答欄に番号を書いて下さい．[▶解答 p.134]

(1) ① Je suis occupée.

　　② Je suis infirmière.

(2) ① Oui, il est six heures et demie.

　　② À 19 heures et demie.

(3) ① J'ai mal au pied.

　　② Il a mal aux dents.

(4) ① C'est le base-ball.

　　② J'aime le tennis.

解答欄 (1) (　　) 　　(2) (　　) 　　(3) (　　) 　　(4) (　　)

解答 ··

7

(1) ②　　　(2) ①　　　(3) ①　　　(4) ①

🎧 **録音されているフランス語文と日本語訳**
098

(1) Qu'est-ce que vous faites dans la vie ?
あなたの職業は何ですか.

(2) Vous avez l'heure, s'il vous plaît ?
時計をお持ちですか（今, 何時ですか）.

(3) Où est-ce que vous avez mal ?
どこが痛いのですか.

(4) Quel est le sport préféré des Japonais ?
日本人の好きなスポーツは何ですか.

··

解説

(1) ① の occupé(e) は ［忙しい］ という意味です. dans la vie とあると, 職業を聞くときの表現ですので, 正しい答えは ② の ［私は看護師です］

(2) 時間を尋ねているのですから, ① の ［はい, 6 時半です］ が正しい応答です.

(3) あなたに聞いていますので, ① の ［私は足が痛い］ の方です.

(4) 一般的なことを聞いているので, ① の ［それは野球です］ になります.

8 フランス語の文 (1) 〜 (4) を，それぞれ 3 回ずつ聞いてください．
(1) 〜 (4) の質問に対する応答として適切なものを，それぞれ ①, ② から選び，解答欄に番号を書いて下さい． [▶解答 p.136]

(1) ① Il ne sait pas.

　　② Il est très intéressant.

(2) ① Oui, je suis fatigué.

　　② Oui, je n'ai plus de fièvre.

(3) ① Oui, c'est une bonne idée.

　　② Non, j'aime le jus d'orange.

(4) ① Depuis trois heures.

　　② Je ne sais pas encore.

解答欄 (1) (　　) 　　 (2) (　　) 　　 (3) (　　) 　　 (4) (　　)

---

⑧

(1) ②　　　(2) ②　　　(3) ①　　　(4) ②

🎧 録音されているフランス語文と日本語訳
099

(1) Que pensez-vous de ce film ?
この映画をどう思いますか.

(2) Vous allez mieux aujourd'hui ?
今日は具合はいいですか.

(3) Si on allait prendre un verre ?
何か飲みませんか.

(4) Tu partiras à quelle heure demain matin ?
明日の朝, 何時に出かけますか.

(1) ① 彼は知りません.
　② それはとても面白いです. 答は②

(2) ① はい, 私は疲れています.
　② はい, もう熱はありません. ne...plus [もう…ではない] 答は②

(3) ① ええ, いい考えですね.
　② いいえ, 私はオレンジジュースが好きです. 答は①

(4) ① 3時間前から. [明日の朝何時] という問いに対して, ① はおかしい.
　② まだわかりません. 答は②

フランス語の文 (1) 〜 (4) を，それぞれ 3 回ずつ聞いてください．
(1) 〜 (4) の質問に対する応答として適切なものを，それぞれ ①，② から選び，解答欄に番号を書いて下さい． [▶解答 p.138]

(1) ① Je me suis promené.

    ② Je vais au musée.

(2) ① Non, le café est loin.

    ② Si, avec plaisir.

(3) ① Ah, c'est une bonne idée !

    ② C'est cher !

(4) ① Nous achetons un sac.

    ② Nous achetons du poisson.

解答欄 (1) ( )　　(2) ( )　　(3) ( )　　(4) ( )

9

(1) ①　　　　(2) ②　　　　(3) ①　　　　(4) ②

🎧 **録音されているフランス語文と日本語訳**
100

(1) Qu'est-ce que vous avez fait cet après-midi ?
今日の午後何をしましたか.

(2) Vous ne prenez pas de café ?
コーヒーは飲みませんか.

(3) J'écoute souvent des CD en français.
私はよくフランス語の CD を聞きます.

(4) Qu'est-ce qu'on achète pour le dîner ?
夕食のために何を買いますか.

解説

(1) ① の［散歩しました］が正解です.
(2) 否定文に肯定で答える時は si ですから, ② が正解です. Avec plaisir は［喜んで］という意味です.
(3) ① の［いい考えですね］が正解です.
(4) ［夕食に］ですから, ① のカバンではなく, ② の［魚を買います］が正解です.

10章 数字を聞き取る練習

1 数字 20 ～ 100 の練習

2 聞き取り練習問題

数字 20 〜 100 の練習

音で覚えよう

数字の 20 から 100 までの練習をしましょう.

🎧 101

20	21	22	23						
30	31	32	33	34	35				
40	41	42	43	44	45				
50	51	52	53	54	55	56			
60	61	62	63	64	65	66	67		
70	71	72	73	74	75	76	77	78	79
80	81	82	83	84	85	86	87	88	89
90	91	92	93	94	95	96	97	98	99
100									

絵を見ながら練習しよう

1)

C'est combien ?
— 16 euros le kilo.

2)

Elle pèse combien ?
— 58 kilos.

3)

À quelle heure commence le spectacle ?
— À 17 heures 30.

4)

Quel âge as-tu ?
— J'ai 24 ans.

第2部　4級　仏検対策

第10章　数字を聞き取る練習

1)

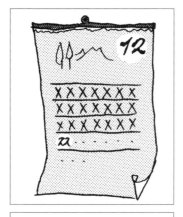

2)

3)

4)

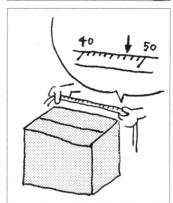

5)

6)

数字の聞き取り練習

● ●

🎵 10 20 ～ 80 の数字に名詞がついた場合の聞き取り練習です．数字を聞き
04   取って（　　）に数字で書きましょう．[▶解答 p.144]

① （　　） livres   ⑥ （　　） euros

② （　　） ans   ⑦ （　　） kilos

③ （　　） minutes   ⑧ （　　） étudiants

④ （　　） heures   ⑨ （　　） CD

⑤ （　　） tables   ⑩ （　　） grammes

10 の答えです．発音してみましょう．

104

① (21) livres
② (48) ans
③ (35) minutes
④ (23) heures
⑤ (60) tables

⑥ (68) euros
⑦ (29) kilos
⑧ (56) étudiants
⑨ (42) CD
⑩ (75) grammes

音で覚えよう

数字は単独で発音されない場合の方が多いでしょう．リエゾン，アンシェヌマンが行われますから聞き慣れる練習をしましょう．
（リエゾン・アンシェヌマンの規則は 168, 169 ページにあります．）

＊数字＋ euro(s) の練習
105

21 euros	22 euros	23 euros	24 euros
25 euros	26 euros	27 euros	28 euros
29 euros	30 euros	31 euros	32 euros
33 euros	34 euros	35 euros	36 euros
37 euros	38 euros	39 euros	40 euros

142 ページの録音されているフランス語
103

1) le 22 décembre
2) 25 rue Lauriston
3) à 70 kilomètres de Paris
4) 47 centimètres de large
5) 18 heures 50
6) Je suis né(e) en 1997（mille neuf cent quatre-vingt-dix-sept）.

🎧 06

11 **フランス語の文 (1) 〜 (4) を，それぞれ 3 回ずつ聞いてください．どの文にも必ず数字が含まれています．その数字を，解答欄に記入してください．** [▶解答 p.146]

＊メモは自由にとってください．

(1)

(2)

(3)

(4)

解答欄 (1) (   )　　(2) (   )　　(3) (   )　　(4) (   )

🎧 107

12 **フランス語の文 (1) 〜 (4) を，それぞれ 3 回ずつ聞いてください．どの文にも必ず数字が含まれています．その数字を，解答欄に記入してください．** [▶解答 p.146]

＊メモは自由にとってください．

(1)

(2)

(3)

(4)

解答欄 (1) (   )　　(2) (   )　　(3) (   )　　(4) (   )

11

(1) 92   (2) 75   (3) 20   (4) 42

何度でも発音して，数字の聞き取りに慣れましょう．

🎧 **録音されているフランス語文と日本語訳**
106

(1) J'attends le bus numéro 92.
私は 92 番のバスを待っています．

(2) Ce livre coûte 75 euros.
私の本は 75 ユーロします．

(3) Chez nous, on dîne à 20 heures.
私たちの家では 20 時に夕食をとります．

(4) Elle habite 42 boulevard Saint-Michel.
彼女はサン・ミシェル大通り 42 番地に住んでいます．

12

(1) 28   (2) 30   (3) 57   (4) 49

🎧 **録音されているフランス語文と日本語訳**
107

(1) Nous sommes le dimanche 28 août.
今日は 8 月 28 日日曜日です．

(2) Il faut 30 minutes à pied pour aller à la gare.
駅に歩いて行くのに 30 分かかります．

(3) Mon père a 57 ans.
私の父は 57 歳です．

(4) 49 euros, s'il vous plaît.
49 ユーロ，お願いします．

13 フランス語の文 (1) 〜 (4) を，それぞれ 3 回ずつ聞いてください．
どの文にも必ず数字が含まれています．その数字を，解答欄に記入し
てください．[▶解答 p.148]
108
＊メモは自由にとってください．

(1)

(2)

(3)

(4)

解答欄 (1) (　　) 　　　(2) (　　) 　　　(3) (　　) 　　　(4) (　　)

14 フランス語の文 (1) 〜 (4) を，それぞれ 3 回ずつ聞いてください．
どの文にも必ず数字が含まれています．その数字を，解答欄に記入し
てください．[▶解答 p.148]
109
＊メモは自由にとってください．

(1)

(2)

(3)

(4)

解答欄 (1) (　　) 　　　(2) (　　) 　　　(3) (　　) 　　　(4) (　　)

13

(1) 21　　　　(2) 38　　　　(3) 85　　　　(4) 55

🎧 **録音されているフランス語文と日本語訳**
108

(1) Ce magasin ferme à 21 heures.
このお店は 21 時に閉まります.

(2) Cette jupe coûte 38 euros.
このスカートは 38 ユーロです.

(3) Je vous dois 85 euros.
あなたに 85 ユーロ借りています.

(4) Dans la salle, il y a 55 étudiants.
部屋には 55 人の学生がいます.

14

(1) 32　　　　(2) 62　　　　(3) 72　　　　(4) 84

🎧 **録音されているフランス語文と日本語訳**
109

(1) Mon fils a 32 ans.
私の息子は 32 歳です.

(2) J'habite 62 rue Lauriston.
私はローリストン通り 62 番地に住んでいます.

(3) Cette chambre fait 72 m^2.
この部屋の広さは 72 平米です.

(4) La clef de la chambre 84, s'il vous plaît.
部屋の番号 84 の鍵をお願いします.

第11章

会話文を聞いて内容を理解する練習

❶ 聞き取り練習問題のポイント

会話を聞いて，会話の内容に一致する場合は ① を，一致しない場合は ② をマークで答える問題です．まず，問題に書かれている日本語文を読んでおくと内容理解の助けになるでしょう．

聞き取り練習問題

●●●

🎧 15 　明子とフィリップの会話を 3 回聞いてください．
110　　次の (1) ～ (5) について，会話の内容に一致する場合は ① を，一致し
　　　ない場合は ② を解答欄に記入してください． [▶解答 p.153]

(1)　明子はフィリップに用事がある．

(2)　フィリップはセシルに用事がある．

(3)　セシルは買い物に出かけている．

(4)　セシルは 1 時頃に帰ってくる．

(5)　セシルはフィリップの電話番号を知っている．

メモ欄

....

....

....

....

....

....

解答欄 (1) (　　) 　　(2) (　　) 　　(3) (　　) 　　(4) (　　) 　　(5) (　　)

16 佐藤氏とレストランの予約係との電話での会話を 3 回聞いてください.
次の (1) ～ (5) について，会話の内容に一致する場合は ① を，一致し
ない場合は ② を解答欄に記入してください. [▶解答 p.154]

(1) 佐藤氏はレストランに予約の電話をしている.

(2) レストランは今日は席が十分に空いている.

(3) 佐藤氏は 4 人で食事をする予定である.

(4) 佐藤氏は 8 時に予約を入れたい.

(5) 佐藤氏は 7 時半に予約をした.

メモ欄

....

....

....

....

....

....

解答欄 (1) ( )　　(2) ( )　　(3) ( )　　(4) ( )　　(5) ( )

🎧 **17** パリの旅行会社での, 美紀と社員との会話を 3 回聞いてください.
112　次の (1) ～ (5) について, 会話の内容に一致する場合は ① を, 一致しない場合は ② を解答欄に記入してください. [▶解答 p.155]

(1)　美紀はローマに行きたい.

(2)　美紀は友達とロンドンに行く予定である.

(3)　美紀は飛行機で旅行するか列車にするか決めていなかった.

(4)　列車は, 週末の特別料金が 88 ユーロである.

(5)　美紀は 2 人分の予約をする.

メモ欄

....

....

....

....

....

....

解答欄　(1) (　　)　　(2) (　　)　　(3) (　　)　　(4) (　　)　　(5) (　　)

15

(1)　② (2)　① (3)　① (4)　② (5)　①

録音されているフランス語文

10

電話での対話です．電話での表現も覚えておきましょう．

Philippe ： Allô. C'est Philippe à l'appareil.

Akiko ： Ah, bonjour, Philippe. C'est Akiko.

Philippe ： Est-ce que Cécile est là ?

Akiko ： Non, elle vient de partir faire ses courses.
Elle doit rentrer dans* une heure.

Philippe ： Pouvez-vous lui dire de m'appeler le plus tôt possible** ?

Akiko ： D'accord. Je prends votre numéro.

Philippe ： Non, ce n'est pas la peine. Elle a mon numéro.

日本語訳

フィリップ： もしもし，フィリップです．

アキコ ： こんにちは．フィリップ．明子です．

フィリップ： セシルはいますか．

アキコ ： いいえ．彼女は買い物に出かけたばかりです．
一時間後には帰ってくるでしょう．

フィリップ： できるだけ早く，私に電話をしてくれるように言ってくれますか．

アキコ ： いいですよ．あなたの電話番号をひかえますね．

フィリップ： いいえ，その必要はないです．彼女は私の番号を知っています．

……

解説

＊ dans ＋時間の表現で［～後に］という意味です．

＊＊ le plus tôt possible［できるだけ早く］

16

(1) ①　　　　(2) ②　　　　(3) ②　　　　(4) ①　　　　(5) ①

🎧 録音されているフランス語文
111

M. Sato	:	Allô, je voudrais réserver une table pour ce soir.
Réceptionniste	:	Voyons. Pour ce soir, c'est presque complet.
		Vous êtes combien ?
M. Sato	:	Nous sommes deux et on viendra vers 8 heures.
Réceptionniste	:	Pour deux personnes, ça va.
		Pouvez-vous venir plutôt à 7 heures et demie ?
M. Sato	:	À 7 heures et demie, c'est bien.
Réceptionniste	:	Votre nom, s'il vous plaît.
M. Sato	:	Sato, S-A-T-O.
Réceptionniste	:	Très bien. À ce soir.

日本語訳

佐藤氏：　もしもし．今晩の予約をしたいのですが．
受付係：　そうですね．今晩はほとんど満席ですが．何人ですか．
佐藤氏：　2人です．8時頃に行きます．
受付係：　2人でしたら，いいです．むしろ7時半に来ることができますか．
佐藤氏：　7時半でいいです．
受付係：　名前をお願いします．
佐藤氏：　S-A-T-O 佐藤です．
受付係：　結構です．では今晩に．

解答

17

(1) ②   (2) ①   (3) ①   (4) ②   (5) ①

🎧 **録音されているフランス語文**
112

Miki	:	Bonjour, Monsieur.
Employé	:	Bonjour, Mademoiselle. Qu'est-ce que vous voulez ?
Miki	:	Je voudrais aller à Londres le week-end prochain avec une amie.
Employé	:	Vous voulez voyager en avion ou en train ?
Miki	:	Je ne sais pas encore. Qu'est-ce que vous me conseillez ?
Employé	:	Si vous voulez voyager en train, il y a un tarif spécial week-end, aller-retour 98 euros.
Miki	:	C'est très bien. Voulez-vous faire la réservation pour 2 places ?

日本語訳

美紀 :	こんにちは.
社員 :	こんにちは. 何がお望みですか.
美紀 :	次の週末に友達とロンドンに行きたいのですが.
社員 :	飛行機での旅行が希望ですか. 列車ですか.
美紀 :	まだわかりません. どちらがいいでしょうか.
社員 :	列車で旅行するなら, 週末特別料金で, 往復98ユーロのがありますよ.
美紀 :	いいですね. 2席予約をしてもらえますか.

第12章 聞き取り模擬試験問題

試験実施方法

＊聞き取り試験は筆記試験終了後，休憩なしに行われます．

＊時間は約 15 分です．

＊解答は筆記試験同様，解答用紙の解答欄にマークする方式です．
模擬試験では，実際のマークの練習もしてみましょう．

試験問題冊子〈4級〉表紙

＊注意事項も読んでください。問題冊子は試験終了後持ち帰り可能です。
問題冊子の方に自分の答えを記入しておくと、終了後正解が公開されますので、自己採点ができます。

実用フランス語技能検定試験
試験問題冊子 〈4級〉

問題冊子は試験開始の合図があるまで開いてはいけません。

筆 記 試 験	11 時 45 分〜12 時 30 分
	（休憩なし）
聞き取り試験	12 時 30 分から約 15 分間

◇問題冊子は表紙を含め 16 ページ、筆記試験が 8 問題、聞き取り試験が 4 問題です。

注　意　事　項

1　途中退出はいっさい認めません。

2　筆記用具は **HB または B の黒鉛筆** (シャープペンシルも可) を用いてください。ボールペンや万年筆等でマークした解答は機械による読み取りの対象とならないため、採点されません。

3　解答用紙の所定欄に、**受験番号**と**カナ氏名**が印刷されていますから、まちがいがないか、**確認**してください。

4　**解答は、解答用紙の解答欄にマークしてください。**たとえば、1 の (1) に対して ③ と解答する場合は、次の例のように解答欄の ③ にマークしてください。

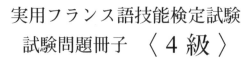

5　解答に関係のないことを書いた答案は無効にすることがあります。

6　解答用紙を折り曲げたり、破ったり、汚したりしないように注意してください。

7　問題内容に関する質問はいっさい受けつけません。

8　不正行為者はただちに退場、それ以降および来季以後の受験資格を失うことになります。

9　**携帯電話等の電子機器の電源はかならず切って、かばん等にしまってください。**通信機能のある時計は使用を禁じます。

10　**時計のアラームは使用しないでください。**

11　この試験問題の複製 (コピー) を禁じます。また、この試験問題の一部または全部を当協会の許可なく他に伝えたり、漏えいしたりすることを禁じます (インターネットや携帯サイト等に掲載することも含みます)。

筆記試験終了後、休憩なしに聞き取り試験にうつります。

－ 1 －

解答用紙

＊筆記試験終了後、休憩なしに聞き取り試験になります。

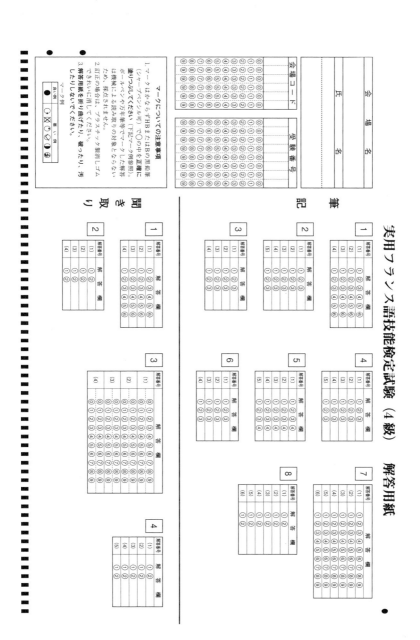

🎧
113

1・フランス語の文 (1) ～ (4) を，それぞれ 3 回ずつ聞いてください．
・それぞれの文に最もふさわしい絵を，下の ①～⑥ のなかから 1 つ
ずつ選び，解答欄のその番号にマークしてください．ただし，同
じものを複数回用いることはできません．

（メモは自由にとってかまいません）（配点 8）

(1)

(2)

(3)

(4)

① 　② 　③

④ 　⑤ 　⑥

1	解答番号	解 答 欄					
	(1)	①	②	③	④	⑤	⑥
	(2)	①	②	③	④	⑤	⑥
	(3)	①	②	③	④	⑤	⑥
	(4)	①	②	③	④	⑤	⑥

🔊
14

2 ・ フランス語の文 (1) 〜 (4) を，それぞれ 3 回ずつ聞いてください．

・ (1) 〜 (4) の質問に対する応答として適切なものを，それぞれ ①，
② から選び，解答欄のその番号にマークしてください．

（メモは自由にとってかまいません）（配点 10）

(1) ① Lundi prochain.

② Hier soir.

(2) ① Allez tout droit.

② Demain.

(3) ① Nous sommes jeunes.

② Nous sommes le 10 mai.

(4) ① De ce livre.

② De Marie.

第 2 部　4 級　仏検対策

第 12 章　聞き取り模擬試験問題

1	解答番号	解 答 欄
	(1)	① ②
	(2)	① ②
	(3)	① ②
	(4)	① ②

🎧 **3** ・フランス語の文 (1) ～ (4) を，それぞれ 3 回ずつ聞いてください．
115
・どの文にもかならず数字が含まれています．例にならって，その
　数字を解答欄にマークしてください．

（メモは自由にとってかまいません）（配点 8）

（例）
・「7」と解答したい場合には，

⓪	①	②	③	④	⑤	⑥	⑦	⑧	⑨
⓪	①	②	③	④	⑤	⑥	⑦	⑧	⑨

とマークしてください．

・「28」と解答したい場合には，

⓪	①	②	③	④	⑤	⑥	⑦	⑧	⑨
⓪	①	②	③	④	⑤	⑥	⑦	⑧	⑨

とマークしてください．

(1)

(2)

(3)

(4)

3	解答番号	解 答 欄
	(1)	⓪ ① ② ③ ④ ⑤ ⑥ ⑦ ⑧ ⑨ ⓪ ① ② ③ ④ ⑤ ⑥ ⑦ ⑧ ⑨
	(2)	⓪ ① ② ③ ④ ⑤ ⑥ ⑦ ⑧ ⑨ ⓪ ① ② ③ ④ ⑤ ⑥ ⑦ ⑧ ⑨
	(3)	⓪ ① ② ③ ④ ⑤ ⑥ ⑦ ⑧ ⑨ ⓪ ① ② ③ ④ ⑤ ⑥ ⑦ ⑧ ⑨
	(4)	⓪ ① ② ③ ④ ⑤ ⑥ ⑦ ⑧ ⑨ ⓪ ① ② ③ ④ ⑤ ⑥ ⑦ ⑧ ⑨

4 ・明とマリーの会話を 3 回聞いてください.
　　・次の (1) 〜 (5) について，会話の内容に一致する場合は解答欄の
　　　① に，一致しない場合は解答欄の ② にマークしてください.
　　（メモは自由にとってかまいません）（配点 10）

(1)　明は 1 週間後にフランスに出発する.

(2)　明はパリに友達がいる.

(3)　明は空港で友達に会うことになっている.

(4)　明はずっとパリにいる.

(5)　明はマリーに絵はがきを送るつもりである.

4	解答番号	解 答 欄
	(1)	① ②
	(2)	① ②
	(3)	① ②
	(4)	① ②
	(5)	① ②

1

(1) ⑥　　(2) ③　　(3) ④　　(4) ②

録音されているフランス語文

(1) Que désirez-vous comme dessert ?

(2) Qu'il fait froid dehors !

(3) Elle a acheté beaucoup de choses.

(4) Voulez-vous remplir cette fiche ?

日本語訳

(1) デザートは何になさいますか．

(2) 外はなんて寒いのでしょう．

(3) 彼女はたくさん買い物をしました．

(4) この用紙に記入してくださいますか．

2

(1) ①　　(2) ①　　(3) ②　　(4) ②

録音されているフランス語文

(1) Quand est-ce que tu veux aller voir ce film ?
　　答は　① Lundi prochain.「次の月曜日」

(2) Où est la gare ?
　　答は　① Allez tout droit.「まっすぐ行ってくだい.」

(3) Le combien sommes-nous ?
　　答は　② Nous sommes le 10 mai.「今日は 5 月 10 日です.」

(4) De qui parlez-vous ?
　　答は　② De Marie.「マリーについてです.」

日本語訳

(1) いつこの映画を見に行くつもりですか．

(2) 駅はどこにありますか．

(3) 今日は何日ですか．

(4) 誰の話をしているのですか．

3

(1) 63　　　(2) 25　　　(3) 71　　　(4) 37

録音されているフランス語文

(1) Ma mère a 63 ans.

(2) Le film commence dans 25 minutes.

(3) J'habite 71 rue de l'Hôpital.

(4) Ça fait 37 euros.

日本語訳

(1) 私の母は 63 歳です.

(2) 映画は 25 分後に始まります.

(3) 私は病院通り 71 番地区に住んでいます.

(4) 37 ユーロになります.

4

(1) ②　　　(2) ①　　　(3) ①　　　(4) ②　　　(5) ①

録音されているフランス語文

Marie : Enfin, nous sommes en vacances.　Qu'est-ce que tu vas faire, Akira ?

Akira : Je pars pour la France dans 3 jours.

Marie : C'est bien, ça.　Tu vas voir Marc là-bas ?

Akira : Oui, Marc vient me chercher à l'aéroport.

Marie : Tu vas rester chez lui ?

Akira : Oui, pendant 3 jours à Paris.　Je vais ensuite voyager dans le Sud de la France avec lui.

Marie : Alors, bon voyage !

Akira : Merci, je t'enverrai une carte postale.

日本語訳

マリ　　：　やっと，休暇だね．明は何をするの．

アキラ：　僕は３日後にフランスに出発するよ．

マリ　　：　いいわね．あちらでマルクに会うつもりなの？

アキラ：　うん．マルクは空港に僕を迎えに来てくれるよ．

マリ　　：　彼の所に滞在するの？

アキラ：　うん．３日間パリに．それから，彼と南フランスに旅行するつもりだよ．

マリ　　：　それじゃ，よい旅行を．

アキラ：　ありがとう．君に絵はがきを送るよ．

第13章 まとめ

- 音のつながりの規則
- 数詞・数の表し方
- 日常会話でよく使われる表現
- よく使われる疑問の表現

● 音のつながりの規則

••

聞き取りには大切な規則ですので，下にまとめておきます．

🎧 ◎ リエゾン Liaison
117

　　単独では発音されない語末の子音字が次にくる語頭の母音と一緒になって発音される現象をリエゾンといいます．最近はリエゾンがだんだんされなくなる傾向にありますが，リエゾンを必ずする場合とリエゾンをしない場合の規則を覚えておきましょう．

● リエゾンする場合

① 限定辞＋名詞　　　　　： deux‿ans,　les‿amis,　ces‿arbres
② 前置詞＋名詞・代名詞　： en‿avion,　chez‿eux
③ 人称代名詞＋動詞　　　： nous‿avons,　ils‿ont,　elles‿arrivent
④ 人称代名詞＋ en, y　　： je vous‿en prie,　ils‿y sont
⑤ 成句　　　　　　　　　： moins‿en moins,　de temps‿en temps
⑥ 合成語　　　　　　　　： Champs-Elysées,　États-Unis
⑦ C'est..., Il est... の後　： C'est‿évident.　Il est‿impossible.
⑧ 1音節の副詞と次の語　： tout‿entier,　moins‿important
　　　　　　　　　　　　　　bien‿aimable

リエゾンの際の音と綴字の関係：

[z] ：　s, z, x　　　例　les‿amis [le-za-mi],　chez‿eux [ʃe-zø],
　　　　　　　　　　　　deux‿autres [dø-zoːtʀ]
[t] ：　t, d　　　　　vient‿elle [vjɛ̃-tɛl],　prend‿il [pʀɑ̃-til]
[n] ：　n　　　　　　bien‿aimable [bjɛ̃-ne-mabl]
[ʀ] ：　r　　　　　　dernier‿étage [dɛʀ-nje-ʀe-taʒ]

　　＊リエゾンの子音で最も多いのが [z]，ついで [t] [n] です．
　　　[ʀ] は léger, dernier, premier など限られた形容詞の後で行なわれます．

鼻母音の場合はリエゾンによる非鼻母音化が起こる場合があります。

—語尾が -ain, -ein, -en, -on, -in で終わる形容詞の後ではリエゾンによる非鼻母音化がおこる。

    ex. moyen‿âge [mwa-jɛ-nɑʒ]

—un, aucun, on, rien, bien, en の後では鼻母音を維持してリエゾンが行なわれる。

    ex. un‿ami [œ̃-na-mi]、 on‿a [ɔ̃-na]、 en‿avril [ɑ̃-nav-ʀil]、

        rien‿à faire [ʀjɛ̃-na-fɛʀ]、 bien‿aimable [bjɛ̃-nɛ-mabl]

—mon のような所有形容詞では二通りの発音がある。

    ex. mon‿ami [mɔ̃-na-mi] [mɔ-na-mi]

● リエゾンしない場合

① 主語名詞＋動詞 　　　　：Jacques / est

② 接続詞 et の後 　　　　　：un homme et / une femme

③ 有音の h の前 　　　　　：petit / héros

④ 単数名詞＋形容詞 　　　：sujet / intéressant

◎ アンシェヌマン Enchaînement

    アンシェヌマンとはもともと発音されている語末の子音を次にくる語頭の母音と結びつけて発音することです。

    ex. une͡amie [y-na-mi]

リエゾンのように子音の発音が変わることはありません。

    ex. une grande͡amie [yn-gʀɑ̃-da-mi]

またリエゾンと違ってアンシェヌマンはいつも行なわれます。同じリズムグループの中ではもちろんですが、グループを越えてもひと息で発音される場合には行なわれます。

    ex. Hélène͡est prête à partir. [e-lɛ-nɛ-pʀɛ-ta-paʀ-tiʀ]

🎧 ◎ **子音の同化現象** Assimilation consonantique

119 　　同化現象とは近隣の音や並列した2音の性質が作用しあって変化したり，別音になったりする現象で，部分的な変化の場合と完全同化の場合があります．言語によって，同化の起こり方が異なりますが，フランス語の場合は，後続音に同化する傾向があります．有声子音の無声音化，無声子音の有声音化は一般的なので，理解しておいてください．無声化は˳で有声化はˇで表わされます．

　　　　ex. robe courte [rɔb-kurt],

　　　　　　　vingt-deux [vɛ̃t-dø]，　または [vɛ̃d-dø]

🎧 ◎ **脱落性の e** e caduc

120 　　e は発音されたり，されなかったりしますが，次のような規則があります．

1)　文末（リズム段落の最後）の e は発音されない．

　　　ex. Elle est grand*e̸*. [grɑ̃d]

2)　第一音節にくる場合は発音するのが原則です．フランス人は話すスピードとか話し方によって発音しない場合がありますが，まねる必要はないでしょう．

　　　ex. je suis [ʒəsɥi] [ʒsɥi] [ʃɥi]

3)　リズム段落の中では次のような規則があります．

　　(1)　発音された子音が前に1つだけの時は発音されない．

　　　　mad*e̸*moiselle　　　sam*e̸*di　　　la p*e̸*tite fille

　　(2)　子音が前に2つある時は必ず発音される．

　　　　appart*e*ment　　　une p*e*tite fille

　　e が落ちることで，子音と子音がつながり，同化現象で音が違って聞こえることが，フランス語の聞き取り，書き取りを難しくしている理由の一つです．この現象を理解して，フランス人の発音を聞いてみると納得できる場合も多いでしょう．大切なのは注意してよく聞くことです．また一度で聞き取れなくても普通ですから，何度でも挑戦してみましょう．

数詞・数の表し方

◎ **基数詞**　Nombres cardinaux

1 un	**2 deux**	**3 trois**	4 **quatre**	5 **cinq**
6 six	7 **sept**	**8 huit**	9 **neuf**	**10 dix**
11 onze	**12 douze**	**13 treize**	14 **quatorze**	**15 quinze**
16 seize	17 dix-sept	18 dix-huit	19 dix-neuf	**20 vingt**

21 vingt et un　22 vingt-deux　23 vingt-trois　24 vingt-quatre

30 trente　31 trente et un　32 trente-deux　33 trente-trois

40 quarante　41 quarante et un　42 quarante-deux

50 cinquante　51 cinquante et un　52 cinquante-deux

60 soixante　61 soixante et un　62 soixante-deux

70 soixante-dix　71 soixante et onze　72 soixante-douze

80 quatre-vingts　81 quatre-vingt-un　82 quatre-vingt-deux

90 quatre-vingt-dix　91 quatre-vingt-onze　92 quatre-vingt-douze

100 cent　101 cent un　102 cent deux　103 cent trois

200 deux cents　201 deux cent un　202 deux cent deux

300 trois cents　301 trois cent un

1 000 mille　2 000 deux mille　10 000 dix mille

100 000 cent mille　＊mille 不変（s はつけない）

1 000 000 un million

＊1 から 100 までを音声について言ってみましょう.
また, 一人で続けて言ってみて, タイムを測ってみましょう.

月　日					
1 回目					
2 回目					

◎ **序数詞**

1er (1ère) premier (première)		14^e	quatorzième
2^e	deuxième (second, seconde)	15^e	quinzième
3^e	troisième	16^e	seizième
4^e	quatrième	17^e	dix-septième
5^e	cinquième	18^e	dix-huitième
6^e	sixième	19^e	dix-neuvième
7^e	septième	20^e	vingtième
8^e	huitième	21^e	vingt et unième
9^e	neuvième	22^e	vingt-deuxième
10^e	dixième	30^e	trentième
11^e	onzième	31^e	trente et unième
12^e	douzième	100^e	centième
13^e	treizième	1.000^e	millième

序数詞を使ういくつかの場合

· **arrondissement** ［区］：パリは 20 区からなります．

Mon bureau se trouve dans le huitième arrondissement.

私の事務所は 8 区にあります．

· **année scolaire** ［学年］：

フランスの小学校は 5 年間で，1 学年目は onzième（第 11 学年）で，今は CP (cours préparatoire) と言われます．2 学年目 (dixième) CE 1，3 学年目 (neuvième) CE 2，4 学年目 (huitième) CM 1 と，学年が進むと数が少なくなり，5 年目は septième で CM 2 と言われます．中学校は 4 年間で sixième から troisième までです．

Mon fils est en cinquième. 私の息子は中学 2 年目です．

また大学では次のような言い方をします.

Ma fille est en troisième année de médecine.

私の娘は医学部の 3 年生です.

・ **siècle** [世紀]：

Au XVIIe siècle　　　　　　17 世紀に

・ **étage** [階]：

J'habite au premier étage.　　私は 2 階に住んでいます.

・ **fois** [回目]：

C'est la troisième fois que je vois ce film.

この映画を見るのは 3 回目です.

◎ 数字を使って

● **電話番号 téléphone：**

2 桁ずつ区切って読みます. イントネーションにも注意して繰り返しましょう.

01　43　26　56　02　　　02　42　89　42　99　　　03　46　34　13　00
04　47　79　11　85　　　05　46　78　27　28

最初の 01　02　03　04　05 は地域を表します. 06 は携帯電話です.

● **算数**

足し算 addition：	$3 + 7 = 10$	Trois plus sept égalent dix.
引き算 soustraction：	$20 - 5 = 15$	Vingt moins cinq égalent quinze.
掛け算 multiplication：	$4 \times 3 = 12$	Quatre fois trois font douze.
割り算 division：	$6 \div 2 = 3$	Six divisé par deux égalent (donnent) trois.

＊動詞は font (faire)，又は égale, égalent (égaler) が用いられる.

日常会話でよく使われる表現

1 否定の表現でよく使われるもの
<small>125</small>

□ ① Il n'y a pas de quoi. どういたしまして.

□ ② Ce n'est rien. 何でもありません.

□ ③ Ça ne fait rien. かまいません.

□ ④ Ça ne sert à rien. 何の役にもたちません.

□ ⑤ Il n'y a rien à faire. どうしようもない.

□ ⑥ (Il n'y a) rien de spécial. 特別なことは何もない.

□ ⑦ Il n'y a plus de sucre. もう砂糖はありません.

□ ⑧ Il n'y a aucun doute. 何の疑いもありません.

□ ⑨ pas tellement そんなに～でない

□ ⑩ pas encore まだです

2 断るとき，不確実なとき
<small>126</small>

□ ① Je suis désolé(e). 申し訳ありません.

□ ② Je ne crois pas. それはないと思う.

□ ③ Je ne suis pas sûr(e). 確実ではありません.

□ ④ Ça dépend. 場合によります.

□ ⑤ On verra. まあ見てみよう.

□ ⑥ Sans doute. 多分（確実性はかなりある）.

3 許可を求めるとき，意見・考えを問うときとそれに答えるとき
<small>127</small>

□ ① Est-ce que je peux téléphoner ?

電話してもいいですか.

☐　②　Je voudrais regarder la télévision.

テレビを見たいのですが.

☐　③　Je voudrais des pommes.　林檎がほしいのですが.

☐　④　Comment trouvez-vous ce film ?

この映画をどう思いますか.

☐　⑤　Que pensez-vous de ce film ?

この映画をどう思いますか.

☐　⑥　Qu'en pensez-vous ?　それをどう思いますか.

☐　⑦　À mon avis, …　私の意見では, …

☐　⑧　Je pense (crois) que …　…と思います.

4　avoir 動詞を使った慣用句
28

☐　①　J'ai mal à la tête (aux dents, au ventre).

頭 (歯, お腹) が痛い.

☐　②　J'ai chaud (froid, sommeil).

暑い (寒い, 眠い) です.

☐　③　J'ai soif (faim).　喉が渇いた (お腹がすいた).

☐　④　Tu as tort.　間違っているよ.

☐　⑤　J'ai envie d'aller à la campagne.

田舎に行きたい.

☐　⑥　Vous avez besoin de repos.

あなたは休養をとる必要があります.

☐　⑦　Il a peur des chiens.　彼は犬が怖い.

5　時・時間に関する表現
129

☐　①　Quelle heure est-il ?　今, 何時ですか.

☐　②　Vous avez l'heure, Monsieur ?

時計をお持ちですか(今, 何時ですか).

	③	Je n'ai pas le temps.	私は時間がありません.
□	④	Je suis à l'heure.	私は時間どおりです.
□	⑤	Je suis en retard.	私は遅刻しています.
□	⑥	Je suis en avance.	私は時間より前です.
□	⑦	Il y a trois jours.	三日前です.
□	⑧	Dans trois jours.	三日後です.
□	⑨	à partir de (demain)	(明日) から
□	⑩	À tout de suite.	すぐにね.
□	⑪	À tout à l'heure.	また後でね.
□	⑫	À (très) bientôt.	ではまた近いうちに.
□	⑬	quelquefois	ときどき
□	⑭	de temps en temps	ときどき

🎧 6 話をかえるとき，説明するとき
130

	①	à propos	ところで
□	②	au contraire	反対に
□	③	c'est-à-dire	つまり
□	④	par exemple	たとえば
□	⑤	d'autre part	他方では
□	⑥	d'abord	まず
□	⑦	ensuite…, puis	それで，次いで
□	⑧	enfin	最後に，やっと

🔊 **7 その他**

☐	①	plutôt	むしろ
☐	②	ou bien	または
☐	③	quand même	それでも
☐	④	comme d'habitude	いつもの様に
☐	⑤	Compte sur moi.	私にまかせて.
☐	⑥	Ne t'inquiète pas.	心配しないで.
☐	⑦	Tout le monde est content.	みんな満足です.
☐	⑧	Vous êtes au courant ?	あなたは知っていますか.
☐	⑨	Il s'agit de cet article.	この記事が問題です.
☐	⑩	Grâce à vous, tout s'est bien passé.	あなたのおかげですべてうまく行きました.

場所を表す前置詞 (句)・副詞

sur	〜の上に	sous	〜の下に
dans	〜の中に	entre	〜の間に
devant	〜の前に	derrière	〜の後ろに
au-dessus (de)	(〜の) 上に	au-dessous (de)	(〜の) 下に
à gauche (de)	(〜の) 左に	à droite (de)	(〜の) 右に
près (de)	(〜の) そばに	à côté (de)	(〜の) 側に
au milieu (de)	(〜の) 真中に	de l'autre côté (de)	(〜の) 向こう側に
en face (de)	(〜の) 向いに	au fond (de)	(〜の) 奥に
autour (de)	(〜の) まわりに	dehors	外で
dedans	中に	partout	至るところに
nulle part	どこにもない	par ici	こちらから
autre part	別のところに		

よく使われる疑問の表現 40

疑問の表現は，自分でも人に質問できたり，また人から質問された時に何を聞かれているのかわかるために，しっかり覚えておくことが大切です．質問の意味がすぐわかり，自分でも答えられるまで音声を繰り返し聞いてみましょう．

🎧 1 Que (quoi), Qui … ?
133

① Qu'est-ce que c'est ? — C'est une pomme.

② Qu'est-ce que tu fais ? — Je regarde la télévision.

③ Qu'est-ce qu'il fait dans la vie ?
　　　　　　　　　　　　— Il est ingénieur.

④ Qu'est-ce que vous voulez ?
　　　　　　　　　　　　— Je voudrais deux croissants.

⑤ Qu'est-ce que vous avez ? — J'ai mal aux dents.

⑥ Qu'est-ce qui se passe ? — Je ne trouve pas ma clef.

⑦ Qu'est-ce qui ne va pas ? — La porte ne s'ouvre pas.

⑧ Que pensez-vous de Pierre ? — Il est sympathique.

⑨ De quoi parlez-vous ? — Nous parlons de ce livre.

⑩ Avec quoi est-ce que vous mangez du riz ?
　　　　　　　　　　　　— Avec des baguettes.

⑪ Qui vend du pain en France ?
　　　　　　　　　　　　— C'est le boulanger.

⑫ Qui est-ce que tu invites pour ton anniversaire ?
　　　　　　　　　　　　— J'invite Paul.

⑬ Avec qui Marie est-elle allée au cinéma hier ?
　　　　　　　　　　　　— Avec Nathalie.

⑭ De qui parlez-vous ? — Nous parlons de Sylvie.

よく使われる疑問の表現（日本語訳）

1 Que (quoi)（何），Qui（誰）…?

① これは何ですか．　　　　　　　　　　　— これは林檎です．

② 何をしているの．　　　　　　　　　　　— テレビを見ています．

③ 彼の職業は何ですか．　　　　　　　　　— 彼はエンジニアです．

④ 何をお望みですか．　　　　　　　　　　— クロワッサンを 2 個ください．

⑤ どうしたのですか．　　　　　　　　　　— 歯が痛いのです．

⑥ どうかしたのですか．　　　　　　　　　— 鍵が見つからないのです．

⑦ 何がうまくいかないのですか．　　　　　— 戸が開かないのです．

⑧ ピエールをどう思いますか．　　　　　　— 彼は感じがいいです．

⑨ 何の話をしているのですか．　　　　　　— この本のことを話しているのです．

⑩ 何でご飯を食べますか．　　　　　　　　— お箸です．

⑪ フランスでは誰がパンを売りますか．— パン屋さんです．

⑫ 誕生日に誰を招待するの．　　　　　　　— ポールを招待します．

⑬ きのうマリーは誰と映画に行ったの．— ナタリーとです．

⑭ 誰の話をしているのですか．　　　　　　— シルヴィのことを話しています．

🎧 2 Comment … ?
134

⑮ Comment allez-vous ? (Comment ça va ?)
— Je vais très bien, merci. (Ça va bien, merci.)

⑯ Comment s'appelle votre professeur ?
— Il s'appelle M. Kato.

⑰ Comment trouvez-vous ce tableau ?
— Il est très beau.

⑱ Comment dit-on le mot « fleur » en japonais ?
— On dit " hana ".

🎧 3 Quand … ?
135

⑲ Depuis quand êtes-vous en France ?
— Depuis 5 ans.

⑳ Quand est-ce que tu veux aller voir ce film ?
— Dimanche prochain.

🎧 4 Combien … ?
136

㉑ Combien font douze et trois ? — Ça fait quinze.

㉒ Combien de jours y a-t-il dans le mois de juin ?
— Il y en a 30.

㉓ Je vous dois combien ? — 12 euros.

㉔ C'est combien ? — C'est 20 euros.

㉕ Ça fait combien ? — Ça fait 35 euros.

㉖ Depuis combien de temps êtes-vous en France ?
— Depuis 5 ans.

2 Comment（どんな）…?

⑮ お元気ですか．（元気？）　　　　　　 — とても元気です．ありがとう．

⑯ あなたの先生の名前は何といいますか．

　　　　　　　　　　　　　　　　　 — 加藤先生です．

⑰ この絵をどう思いますか．　　　　　 — とても綺麗です．

⑱ " fleur " は日本語でどういいますか．　 — ［花］といいます．

3 Quand（いつ）…?

⑲ いつからフランスに住んでいますか．　 — 5 年前からです．

⑳ いつこの映画を見に行きたいの．　　　 — 次の日曜日に．

4 Combien（どれぐらい）…?

㉑ 12 ＋ 3 はいくらですか．　　　　　　 — 15 です．

㉒ 6 月は何日ありますか．　　　　　　　 — 30 日です．

㉓ おいくらですか．　　　　　　　　　　 — 12 ユーロです．

㉔ こらはいくらですか．　　　　　　　　 — 20 ユーロです．

㉕ いくらになりますか．　　　　　　　　 — 35 ユーロになります．

㉖ どれぐらい前からフランスに住んでいますか．

　　　　　　　　　　　　　　　　　 — 5 年前からです．

㉗ Vous voulez combien de pommes ?

— Deux kilos, s'il vous plaît.

㉘ Combien de temps dure le vol ?   — Il dure 8 heures.

🎧 5 Où … ?
137

㉙ Où est-ce que tu habites ?   — J'habite tout près d'ici.

㉚ Où est-ce qu'on peut acheter des timbres ?

— À la poste.

㉛ Où en êtes-vous ?   — J'ai presque fini.

㉜ Où est le bureau de poste le plus proche ?

— Là-bas, à droite.

㉝ D'où êtes-vous ?   — Je suis d'Osaka.

🎧 6 Quel (quelle) … ?
138

㉞ Quel temps fait-il ?   — Il fait beau.

㉟ Quelle heure est-il ?   — Il est 6 heures.

㊱ Quel jour sommes-nous ?   — Nous sommes le 2 mai.
(— Nous sommes jeudi.)

㊲ À quelle heure partez-vous ?   — À 9 heures et demie.

㊳ Vous fermez quel jour ?   — Le dimanche et le lundi.

㊴ Dans quelle ville vos parents habitent-ils ?

— Ils habitent à Kyoto.

㊵ Quelle est la longueur de cette jupe ?

— Elle mesure 60 cm.

㉗ 林檎はいくらお望みですか. 　　　　― 2 キロお願いします.

㉘ 飛行時間はどれぐらいですか. 　　　― 8 時間かかります.

5　Où（どこ）…?

㉙ どこに住んでいるの. 　　　　　　― このすぐ近くに住んでいます.

㉚ どこで切手は買えますか. 　　　　― 郵便局で.

㉛ どこまで進んでいますか. 　　　　― ほとんど終わりです.

㉜ いちばん近い郵便局はどこですか. ― あそこの右手です.

㉝ あなたはどこの出身ですか. 　　　― 大阪の出身です.

6　Quel (quelle)（どんな）…?

㉞ どんな天気ですか. 　　　　　　　― 天気はいいです.

㉟ 何時ですか. 　　　　　　　　　　―6 時です.

㊱ 今日は何（曜）日ですか. 　　　　―5 月 2 日です.
　　　　　　　　　　　　　　　　　　（― 木曜日です.）

㊲ あなたは何時に出かけますか. 　　―9 時半に.

㊳ 何曜日に閉店ですか. 　　　　　　― 日曜日と月曜日です.

㊴ あなたの両親はどの町に住んでいますか.

　　　　　　　　　　　　　　　　　　― 京都に住んでいます.

㊵ このスカートの長さ（丈）はどれぐらいですか.

　　　　　　　　　　　　　　　　　　―60 cm です.

仏検対策

聴く力 演習　5級・4級

［MP3 CD-ROM 付］

2021 年 2 月 22 日　初版発行

著者	阿南 婦美代
ナレーション	Léna Giunta Georges Veyssière
DTP	ユーピー工芸
印刷・製本	精文堂印刷株式会社
MP3 CD-ROM 制作	株式会社 中録新社
発行	株式会社 駿河台出版社 〒 101-0062 東京都千代田区神田駿河台 3-7 TEL 03-3291-1676 / FAX 03-3291-1675 http://www.e-surugadai.com
発行人	井田 洋二